우선
쓰고,

인생
작가가
됩니다

우선 쓰고, 인생 작가가 됩니다

처음 책 쓰는 사람들을 위한 친절한 가이드

초 판 1쇄 2025년 12월 29일

지은이 김우선
펴낸이 류종렬

펴낸곳 미다스북스
본부장 임종익
편집장 이다경, 김가영
디자인 윤가희, 임인영
책임진행 이예나, 김요섭, 안채원, 김은진, 국소리

등록 2001년 3월 21일 제2001-000040호
주소 서울시 마포구 양화로 133 서교타워 711호
전화 02) 322-7802~3
팩스 02) 6007-1845
블로그 http://blog.naver.com/midasbooks
전자주소 midasbooks@hanmail.net
페이스북 https://www.facebook.com/midasbooks425
인스타그램 https://www.instagram.com/midasbooks

ⓒ 김우선, 미다스북스 2025, *Printed in Korea*.

ISBN 979-11-7355-633-3 03190

값 18,500원

미다스북스는 다음세대에게 필요한 지혜와 교양을 생각합니다.

우선
쓰고,

김우선 지음

First, Write — Become the Author of Your Life

처음 책 쓰는

사람들을 위한

친절한 가이드

인생
작가가
됩니다

미다스북스

삶이 글이 되는 새로운 챕터

"어떤 것들은 진정한 의미에서 진짜 당신이거나, 혹은 당신이
어떤 사람인지를 표현하는 것이고, 다른 것들은 그렇지 않은 것
이다."

- 버나드 윌리엄스

내가 책 쓰기를 가르친다고 말하면, 다들 첫 번째로 물어
보는 질문이 있다.

누구나 책을 한 번쯤 써보고 싶은 마음이 깊숙이 내재해
있다 보니, '진짜 배우면, 내가 책을 쓸 수 있을까요?'를 가
장 먼저 물어보곤 한다. 물론 한 번도 책을 써보지 않은 사
람들이 가장 궁금해하는 질문일 수밖에 없다.

'내가 살아온 평범한 이야기를 누가 읽고 싶어 하겠어?'라는 마음을 품은 채로 물어보는 이 질문은 내가 가르치는 수강생들에게도 많이 받는 질문이다. 책 쓰기를 쭉 잘해 나가다가도 자존감이 떨어질 때면 어김없이 다시 튀어나오는 질문이기도 하다. 물론 자신이 살아왔던 이야기를 세상 밖으로 꺼내어 놓는 일에는 용기가 필요하다.

나의 대답은 항상 '누구나 책을 쓸 수 있다'로 한결같다. 나의 그 대답은 내가 가르친 수강생들이 이미 모두 다 작가가 되었기 때문에 증명되었다. 내가 책 쓰기를 가르쳤던 사람 중 그 누구도 이전에 작가였거나 유명했던 사람은 아무도 없었다. 모두 다 자신만의 평범한 일상을 살아내던 일반 사람들이었다. 물론 나조차도 책을 쓰기 전에는 별반 다르지 않은 평범한 직장인이었다.

나는 일에서 10년 이상의 경험이 쌓이니 책을 쓰고 싶어졌다. 나는 책을 쓰는 동안 여러 가지 우여곡절을 겪으면서도 절대 포기하지 않아서 『어떻게 나를 차별화할 것인가』라는 저서를 완성했다. 나는 어떻게든 내가 쓰는 책을 꼭 끝내고 싶었고, 내 맘에 들 만큼 써내고 싶었다. 그 뒤로도 여러 가지 일을 해왔지만, 그중에서 가장 내 부심에 1번을 차지

하는 것도 책을 썼던 경험이자 '작가'라는 타이틀이었다.

나는 다른 사람들과 이야기를 나누다 듣게 되는 여러 이야기가 스토리텔링으로 이어진다고 생각되면, 책을 쓰라고 권하는 책 쓰기 코치가 되었다. 처음 책을 써보는 사람들에게 책 쓰기 가이드를 하나하나 해 나가면서 책이 출간되기까지 그 옆을 든든하게 지켜왔다. 그래서 그들을 독자에서 작가로 성장시켰고 나도 같이 성장해 왔다.

세상 밖으로 나의 이야기를 꺼내놓아 그것이 '책'이라는 활자로 된 이야기로 나오게 되면, 그 이전에 '독자'로만 살아오던 삶은 '저자'라는 다른 환경의 삶으로 바뀐다. 소비자가 아니라 생산자라는 주체가 되면 세상을 바라보는 눈이 달라지기 마련이다.

독자로 세상을 바라보는 눈은 책장에 읽어야 할 책의 권수가 늘어나는 것이지만, 작가로 바라보는 세상은 온갖 이야깃거리로 넘쳐나는 세상이다. 친구들과의 수다에 불과하던 나의 이야기가 '책'이라는 매체를 통해 나오게 되면, 나만의 이야기 자본이자 나라는 사람의 브랜드 스토리텔링으로 각인된다.

평범한 사람들이 다른 사람이 되기 위해서는 책을 써야만 그 시작의 문을 열 수 있고, 출간된 책이 알려지게 되면 강연을 할 수 있는 자리가 자연스럽게 생긴다. 또한 칼럼, 컨설팅, 교육으로 자연스럽게 이어지는 흐름이 생기게 된다. 특히 책은 본인만의 사업을 하는 분들에게는 자신과 더불어 회사를 알리는 데 가장 좋은 신뢰 수단이 되어준다.

내가 늘 나의 수강생들에게 해주는 이야기가 있다. '책을 쓰고 싶다'라는 마음이 들 때는 인생이 나에게 '선물'을 주고자 할 때이니, 그 기회를 놓치지 말라고 당부한다. 삶이라는 에너지장에서 이전과는 다른 무엇인가를 내 인생에 선물로 주고자 할 때, 책 쓰고 싶은 마음의 변화로 다가오는 것이니 그럴 때는 부디 용기를 내길 바란다.

작가가 되고 싶은 마음이 들었다면, 어떻게 해서든 책을 쓰는 방법을 찾아 책을 출간해 보자. 이건 인생에서 한번 도전해 보는 새로운 경험이자 소중한 기회의 가치다. 언젠가는 작가가 돼야지 하고 버킷리스트에만 넣어두지 말고, 작가가 되는 일에 도전해 보자.

혹자는 'AI 자동화 도구들이 넘쳐나는 시대에 내가 꼭 책을 써야 해?'라고 물을 수 있다. 물론 엔터 한 번에 술술 100페이지 책을 1시간도 안 돼서 뽑아낼 수도 있다. 그러나, 당신의 스토리텔링이 될 수는 없다. 내가 살아낸 삶의 경험을 어떻게 해석하고 표현할 것인가는 오로지 내 선택의 문제이고, 내가 화자이기 때문이다.

우리는 몸을 줄여서 작아지도록 설계된 것이 아니라 더 활짝 피어나도록 만들어졌으며, 자신을 가득 채우기 위해 모든 순간을 사용하도록 지어진 존재라고 오프라 윈프리는 말했다.

내 인생을 사랑하는 방법은 여러 가지가 있지만, 그중에서 책 쓰기는 나를 사랑하는 그 모든 방법 중 최고의 방법이자 최선의 배움 도구가 되어준다. 그리고 평생 할 수 있는 은퇴 없는 일이기도 하다. 그러니, 오늘부터 우선 써보자. 최대한 가볍고 즐겁게.

나의 이야기는 나 말고는 그 누구도 대신 해줄 수 없는 일이다.

내가 오롯이 겪어온 인생의 수많은 일 중에 어떤 이야기를 들려주고 싶은가?

매일의 일상을 지키며 글을 써 온 모든 순간, 곁에서 뜨거운 마음으로 응원해 준 사랑하는 친구들과 지인들에게 깊은 감사를 전합니다. 비록 먼 곳에 계시지만 늘 애정 어린 눈으로 지켜봐 주실 할머니와 부모님께서 주신 큰 사랑을 잊지 않겠습니다. 오늘의 나를 지탱해 주는 두 아이에게 전하는 따뜻한 사랑이, 아이들의 마음에 단단한 뿌리가 되어 꽃처럼 만개하기를 꿈꿔봅니다.

　제 책을 읽어주시는 모든 분이 책 쓰기를 통해 한 뼘 더 성장하는 시간을 만끽하며, 삶의 새로운 챕터를 열어갈 수 있기를 온 마음을 다해 응원합니다.

목차

1장
작가 되고 싶은 사람들이 많이 묻는 말들

2장
이름값 하는 인생 첫 저서

3장

작가 되는 집필 실전 전략

4장

알려지는 퍼스널브랜딩 실행 전략

5장

우선 쓰고, 은퇴 없는 평생 작가

작가 되고 싶은 사람들이 많이 묻는 말들 |↵

First, Write — Become the Author of Your Life

First, Write — Become the Author of Your Life

작가 아무나 하는 거
아니잖아요

"내가 살아온 이야기를 하자면 책 한 권으로도 모자라. 내 이야기로 책 쓰면 대박이 날 거야. 나도 언젠가 자서전 한번 써야지."

우리는 사람들과 이야기를 나누다 보면 종종 이런 이야기를 심심치 않게 듣게 된다. 내가 살아온 인생이 얼마나 변화무쌍하고 특별했는지를 강조하기 위해서 내 이야기를 책으로써도 모자란다는 이야기들을 자주 한다. 살아온 날들에 대해 하고 싶은 이야기가 많거나, 경험한 시간의 무게가 평범한 사람들과 다르다고 느낄 때 보통 책을 써보고 싶다는 마음을 품게 된다.

물론 책을 좋아하는 사람들은 항상 책을 많이 읽기 때문에, 언젠가 한 번쯤은 나도 책을 써보고 싶다고 생각한다. 그런데, 우리가 이야기하는 '그때' 즉 책을 쓸 그 '언젠가는' 도대체 어느 때를 말하는 것인가?

내가 가장 좋아하는 작가인 『인간, 즐거움』의 저자 크리스티앙 보뱅은 프랑스에서 가장 아름다운 산문을 쓰기로 유명한 에세이스트이다. 그가 남긴 한 문장은 나에게 늘 글쓰기에 대한 마음을 다지는 데 도움을 준다.

"글을 쓴다는 것은 넘을 수 없는 벽에 문을 그려 넣고 그 문을 열고 들어가는 것이다."

작가는 태어날 때부터 되는 게 아니다. 자신의 경험치가 있다면 더 좋고 만약 그 경험치마저 미미하다고 느껴진다면 공부하고 연구해서 쓸 수 있는 것이 책 쓰기다. 우리는 일반적으로 '작가'라 하면 유명한 소설의 작가나 등단한 유명한 시인을 떠올리지만, 특정 분야의 책 쓰기 작가는 예술 작품을 쓰지 않는다. 주제를 정하고 그 주제에 대해 자신이 배우고 겪었던 경험을 토대로 독자와 그 경험의 깊이를 나눈다.

그러니 글쓰기를 잘하는 예술 작가가 되고 싶어 할 필요는 없다. 우리는 명확한 메시지를 담은 책 쓰기를 잘하는 작가가 되면 되는 것이다.

'작가는 아무나 되는 게 아니잖아', '내가 어떻게 작가를 할 수 있겠어'라고 생각된다면, '작가'에 대한 선입견이나 편견이 있는 게 아닌지 다시 생각해 보길 바란다.

우리는 일반적으로 '책'이라는 공신력 있고 신뢰감 있는 이야기를 써낸 '작가'에 대해 경외심과 존경심을 은연중에 가지고 있다. 그렇기에 '내가 작가가 된다'라는 것이 너무 생소한 느낌이 들거나 '내가 작가가 된다고?'라는 사실에 거부감이 들어 아득하고 먼 남의 이야기처럼 느껴질 수 있다.

우리의 생각을 표현하고 전하고자 하는 메시지를 담아내는 '책 쓰기를 하는 작가'는 책 쓰기를 할 수 있는 기술과 노력을 겸비하면 된다. 글쓰기 재능이 아니라, 명확한 메시지를 전할 줄 아는 소통 능력이 중요하다. 작가는 배우면 할 수 있는 직업이다. 끝까지 집필 원고를 포기하지 않는 의지를 가진다면 충분히 책 쓰기를 잘할 수 있다.

물론, 책을 많이 읽은 사람은 유려한 문장들을 자유롭게 활용하기 때문에 책 쓰기가 더 유리할 수 있다. 쓰는 것에 대한 두려움이 상대적으로 적을 수도 있다. 그러나 '쓰기'에 대해 갖는 두려움 역시 노력으로 충분히 극복할 수 있는 문제이니 걱정하지 않아도 된다.

나는 다독을 하는 사람이 아니라고, 책을 많이 못 읽어서 책 쓰는데 망설임을 가진다면 위축될 필요는 없다. 책 읽기를 많이 못 했어도 책 쓰는 데는 전혀 지장이 없다. 책을 쓰게 되면 더 많은 책을 접하게 되고, 충분히 읽어야 하는 시간이 자연스럽게 생기기 마련이다.

그러니, 책을 쓰지 않아야 할 모든 이유를 찾아서 자신을 핑계 속에 가두지 말자. 자신을 합리화의 핑계 속으로 숨도록 두지 말아야 한다. 자신이 살아온 인생에 자신감을 가지고 내 생각과 메시지를 쉽고 명확하게 독자에게 전하는 것을 책 쓰기 목표로 삼으면 된다.

책 쓰기는 책 읽기 능력보다 내가 전하고자 하는 메시지를 술술 읽히게 솔직하게 써가는 것이 중요하다. 책 쓰기 작가의 성실한 노력은 초고를 여러 번 고칠 수 있는 정성을 바탕으로 한다. 혼자서 책 쓰는 것이 어렵다면, 책 쓰기 워크숍 강의를 들어볼 수도 있고, 책 쓰기 코치의 도움을 받아서 책을 써보는 방향도 있다. 온라인 오프라인에서 열리는 책 쓰기 강좌에서도 배우면서 써볼 수 있다. 책을 쓰고자 하는 간절한 마음만 있다면 책 쓰기 방법을 배울 수 있는 곳들은 아주 많다. 자신에게 배우기 가장 좋은 방법을 찾아 좋은 결과를 내고자 하면 된다.

나는 브랜드 컨설팅 업무를 하면서 다양한 기업들의 브랜드를 만들고자 노력해 왔던 경험들이 10년 이상 쌓이게 되니 모아서 책을 쓰고 싶다는 간절한 욕망이 있었다.

나는 주로 관심이 가는 분야가 생기면 해당 분야에 관한 책들을 수집한다. 관심이 가는 정보의 줄기를 책에서 주로 찾아가는 편이어서 자주 서점에 들르며, 책 쓰기 관련 책들을 읽어보곤 했었다. 그날도 필요한 책이 있어서 우연히 서점에 갔다가, 교보문고에서 열렸던 책 쓰기 강연회를 접하고는 심장이 쿵쿵 뛰었다. 책을 읽으면서 어렴풋하게 책 쓰기에 대한 감을 잡고 있을 때, 책 쓰기 강연회에서 들은 이야기들은 '나도 쓸 수 있겠다'라는 자신감으로 바뀌었다. 작가는 배우면 이룰 수 있는 꿈이라는 확신이 생겼다.

그렇다. 책 쓰기는 배울 수 있는 영역이었다. 성공한 사람·유명한 사람·특별한 사람들만이 책을 쓰는 것으로 생각했던 나의 편견이 깨지는 순간이었다. 책 쓰는 방법을 배워서 책을 출간하면 작가도 만들어지는 거라는 것을 깨닫게 된 날이었다.

그날로부터 '작가'라는 업은 나의 인생에 새로운 기회의 문을 열어주었다.

책 쓰기를 배우게 되었고, 작가 친구들이 많이 생겼으며 내 책을 출간하게 된 이후로 다양한 곳에서 러브콜을 받는 전문가가 되었다. 책 출간 후에는 칼럼, 강연 등 다양한 사람들을 만날 수 있는 기회가 더 많이 생겨났다. 내가 하는 현업의 전문성에도 단단한 공신력이 생겼으며, 더 나아가 책 쓰기를 가르칠 수 있는 책 쓰기 코치도 되었다.

나는 내가 가장 좋아하는 '책'을 통해 내 삶의 가능성을 끊임없이 확장해 왔다. 내가 가진 잠재 능력을 개발하고 나 자신의 한계와 경계를 무너뜨리는 데 있어 책 쓰기만큼 성장하기 좋은 방법은 없었다.

가장 사랑하는 글쓰기를 통해 내가 성장했듯이, 책 쓰기를 통해 성장하고 싶어 하는 마음으로 이 책을 펼쳐 든 굳건한 마음에 따뜻하고 다정한 응원을 보낸다.

책 쓰기는 나를 다른 세상으로 넘어가게 해주는 문을 열어준다. 지금과 다르게 변화하고 싶다면 혹은 더 크게 성장하고 싶다는 욕심이 있다면 책 쓰기를 할 이유는 충분하다. 나를 바꾸는 가장 좋은 방법은 나를 다른 환경에 데려다 놓는 것이다.

일생에 언젠가 책 쓰기를 하고 싶다는 마음을 품고 있었다면 더 이상 망설이지 말자.

'나중에'를 기약 없이 남발하지 말고 지금 당장 책 쓰기를 시작하자.

책을 쓰고 싶다는 생각이 들었을 때가 시작하기 가장 좋은 때이다. 이 책이 그 간절한 마음에 작은 길잡이가 되어줄 것이다.

진짜 배우면
책 쓸 수 있나요

"독서할 때는 어떻게 해야 하느냐?

한번 쭉 읽고 버려둔다면 나중에 다시 필요한 부분을 찾을 때 곤란하지 않겠느냐?

그러니 모름지기 책을 읽을 때는 중요한 일이 있거든 가려서 뽑아서 따로 정리해 두는 습관을 길러야 할 것이다. 이것을 초서(抄書)라고 하는 것이다. 하지만 책에서 나한테 필요한 내용을 뽑아내는 일이 처음부터 쉬운 일은 아닐 것이다. 먼저 마음속에 무엇이 중요하고 무엇이 필요한 내용인지 일정한 기준이 있어야 하지 않겠느냐? 곧 나의 학문에 뚜렷한 주관이 있어야 하는 것이란다. 그래야 마음속의 기준에 따라 책에서 얻을 것과 버릴 것을 정하는 데 곤란을 겪지 않을 것이야. (중략)"

우선 쓰고, 인생 작가가 됩니다

다산 정약용 선생이 아들 학유에게 보낸 편지글 중에 '초서(抄書)'의 중요성을 강조한 내용이다.

18년이 넘게 유배 생활을 하면서도 오백 권 이상의 어마어마한 집필을 한 다산 정약용 선생은 책을 읽을 때 '초서(抄書)'를 중요시했다고 한다. '초서(抄書)'란 독서를 하면서 중요한 부분을 발췌해서 옮겨 쓰는 것을 말한다. 다산 정약용 선생은 읽은 책에 대한 독서 리뷰를 끊임없이 훈련하면서 읽기와 동시에 '쓰기'를 연습해 왔다. 나는 바로 이것이 다산 정약용 선생님이 오백 권 이상의 저서를 집필할 수 있었던 원동력이 되었다고 생각한다.

나는 일을 하면서 만난 사람들 모임 혹은 스터디 그룹에서 만난 사람들과 친해지다 보면 그 사람들의 인생 이야기를 듣게 되는 경우가 종종 생긴다.

내가 하는 브랜드 컨설팅 일은 시작할 때부터 다양한 사람들의 이야기를 '경청'하는 것에서부터 시작한다. 나는 누군가의 이야기를 '경청'하는 것이 아주 익숙한 사람이다. 타인의 이야기들을 깊이 있게 듣다 보면 나도 모르게 인터뷰에서나 할 법한 질문들을 하게 되는 때가 생긴다. 오랫동안 일을 하다 보니 자연스럽게 체득한 질문 방법인데, 그렇게 질문을 연결하다 보면 그 사람이 살아온 인생 이야기의 점들이 자연스럽게 선으로 연결되는 순간이 생긴다. 나는 그럴 때마다 내게 이야기를 들려준 사람에게 꼭 이 이야기를 해준다.

나에게 이야기를 하는 사람들은 자신의 삶이 굉장히 평범하다고 생각한다. 보통의 사람들은 자신이 특이한 일을 하고 있어도 자신이 살아온 인생이기 때문에 남들과 다르지 않을 것으로 생각하는 경우가 많다. 타인인 내가 청자의 입장으로 듣기에 굉장히 놀라운 삶의 경험들이 녹아있는 경우들이 종종 있다. 그럴 때마다 나는 이 이야기를 다른 사람들이 같이 들었으면 참 좋겠다고 생각하면서 늘 책을 써보시라 권한다.

살아오는 동안 그 누구에게 한 번도 들어보지 못한 이야기를 나에게 들은 사람들은 처음에는 당황한다. 그리고 생각지도 못했던 나의 이야기에 깜짝 놀라기도 한다.

그러면 나는 '책 쓰기'에 관해 구체적이고 실질적인 이야기들을 해주면서 관점의 환기를 돕는다. 그러다 보면 내게 이야기를 들려주셨던 분들은 자연스럽게 자신의 이야기를 책으로 써도 되겠다는 마음을 먹게 된다.

『1인 미디어 커머스』를 출간했던 황현석 작가는 폐쇄몰에서 500개 이상의 쇼핑 콘텐츠를 제작한 경험이 있으면서도, 책을 쓰기 전에는 아무도 모르는 사람이었다. 내가 보았던 500개의 쇼핑 콘텐츠는 정말 진심을 담아 정성스럽게 제작한 우수한 제품 콘텐츠들이었다. 이런 제품 콘텐츠를 만드는 사람을 어떻게 아무도 모를 수가 있지라고 생각할 정도였다. 황 작가님은 판매하는 아이템 하나하나에 열정을 가득 담아 진심으로 제품을 소개하는 쇼호스트였다. 그 어떤 홈쇼핑 쇼호스트보다 부족한 것이 하나도 없는 특별한 분이었다. 나는 쇼핑 아이템 영상을 보자마자 황현석 작가님께 책 쓰기를 추천했고, 작가님은 '책 쓰기'에 도전해서 인생의 다른 꿈을 마음껏 펼쳐가게 되었다. 다른 기회를 통해 넓어진 시각으로 월 1천만 원을 벌던 사업가에서 지금은 70억 매출의 탄탄한 사업가로 성장하는 발판이 되었다.

『1인 미디어 커머스』 출간 작가, 수강생 편지

작년 5월, 김우선 대표님을 처음 만났습니다.

당시, 책을 직접 쓴다는 것에 대해 생각해 본 적이 없었고, 책은 정말 특별한 사람들만 쓰는 걸로 생각했었죠.

대표님께서 생각을 전환할 수 있도록 많은 도움을 주셨

습니다.

퍼스널브랜딩을 위해 그리고 내 인생의 목표에 좀 더 탄탄하고 더 빠르게 도달하기 위해서는 책을 꼭 써야겠다는 생각이 들었습니다. 평소 책을 많이 읽지 않았지만, 책을 쓰려고 결심한 순간부터는 관련 분야 책을 끊임없이 읽기 시작했습니다.

8월부터 본격적으로 책 쓰기를 시작했습니다. 초반 책 제목과 목차 등 전체적인 가이드를 잘 잡아주셨고, 책쓰기의 기본적인 노하우를 알려주셔서 4개월 만에 초고를 완성했습니다.

이후 김우선 대표님께서 원고를 함께 봐주시면서 석 달 동안 세 번의 퇴고 작업을 했고 올해 4월에 출판사에 투고했습니다.

투고하고 뜻하지 않은 대형 출판사에서 연락받기도 하고, 원고가 너무 좋다는 극찬도 받았습니다. 이제 저는 책 출간을 기다리며 책을 쓰지 않았다면 꿈꿀 수 없었던 목표와 세상을 꿈꾸고 있습니다.

책 쓰기를 시작하면서부터 투고하기까지 9개월이라는 시간이 걸렸지만, 중간중간 책 쓰기에 대해 소홀히 할

우선 쓰고, 인생 작가가 됩니다

때마다 항상 바로 잡아주시고 다시금 챌린지할 수 있게 북돋아 주신 김우선 대표님께 이 자리를 빌려 다시 한 번 진심으로 감사하다는 말씀을 드립니다.

'균형 잡힌 삶'에 대한 이야기를 강조하는 마리 루티 작가는 『가치 있는 삶』에서 많은 사람이 온전히 살아있다고 느끼기를 갈망한다고 했다. 우리 존재에 어떤 의미가 있음을 느끼고 싶어 하는 것이야말로 온전히 살아있다고 느끼기를 갈망하는 것이라 했다. 우리는 우리 존재의 가장 깊숙한 곳과 연결된 진실되고 진정하다는 감각을 느끼고 싶어 한다.

글을 쓴다는 것은 나의 살아온 인생 혹은 살아가고 있는 나의 인생에 대해 온전히 '살아있음'을 부여하는 일이다. 글쓰기란 내 존재의 '정체성'을 부여하는 일이고 진정한 '나다움'을 찾아가는 것이다.

일반적으로 말을 하는 것은 쉽지만, 글을 쓰는 것은 더 어렵다고 느끼게 된다. 특히 책 쓰기라 하면 덜컥 겁부터 날 수 있고, 글을 통해 자신을 표현하는 책 쓰기는 험난한 벽처럼 느껴질 수도 있다.

보통 내가 '책 쓰기를 가르칩니다'라고 말하면 백이면 백

명 모두 같은 질문을 하곤 한다.

'책 쓰기를 배우면 할 수 있는 건지, 그렇게 하면 진짜 책이 나올 수 있는가'를 묻는다.

그러면 나는 한결같이 같은 대답을 해준다. 책 쓰기는 문학 작품을 쓰는 글쓰기가 아니기 때문에 일정한 규칙과 메시지를 제대로 담아서 쓸 수 있다면 한 권의 책이 될 수 있다고 대답한다. 그보다 더 쉬운 건 매일 두 장씩 40일 동안 쓰면 책 한 권 분량의 글을 쓸 수 있다고 구체적으로 말해준다.

엄두가 안 나는 '작가'라는 타이틀과 '책 쓰기'라는 높은 벽 앞에서 내가 구체적이고 현실적으로 손에 잡히는 답을 주게 되면, 답을 듣는 모두가 '그렇게 책 쓰기가 쉽다고?'라고 생각하게 된다. 책 쓰기에 대한 편견을 깨주고, 관점을 바꿔주는 일이다.

나는 무엇인가에 대한 '관점을 바꾸는 일'을 아주 유연하게 잘한다. 기존 브랜딩의 문제점을 분석하고 새로운 전략을 마련한 후 '리브랜딩(Rebranding)'을 진행하여 브랜드나 회사의 가치를 높이는 일이 바로 23년간 꾸준하게 해 온 나의 일이기 때문이다.

세상 밖으로 나가는 길에 누군가가 슬쩍 등을 밀어 문 앞까지 데려다준다면 그 사람에게는 선물 같은 기회가 될 수 있다. 나와 다른 관점을 지닌 사람이 건네주는 그 한마디는 한 사람의 인생을 송두리째 바꿔놓을 계기가 되어주기 마련이다.

그래서 나는 항상 사람들의 이야기를 주의 깊게 듣고, 그 사람들의 이야기에서 점들을 이어보게 되는 그 순간을 객관적으로 바라보며 진심을 담아 나의 말을 전한다.

제 이야기가
책으로 쓸 만한가요

"얼마나 많은 이에게

얼마나 많은 가치를 주느냐,

그것이 나의 가치를 결정한다."

- 밥 버그·존 데이비드 만, 『기버 1』 중에서

책을 쓰는 일은 나의 경험을 나누는 일이고, 내가 겪었던 많은 경험에서 내가 발견한 나만의 비결과 지혜를 나누는 일이다. 그것이 독자의 마음에 와닿을 때, 그건 작가만의 고유한 메시지가 된다.

각자의 이야기들은 모두 다 빛깔이 다르다. 그리고 책을 천 권 읽는 것보다 한 권 써보는 경험이 삶의 더 큰 성장을

우선 쓰고, 인생 작가가 됩니다

가져온다. 나는 이미 책을 쓰고 책을 출간하고 다시 책으로 돌아오는 선순환이 주는 인생의 꿀맛을 알아버렸다. 그래서 주변 사람들에게도 '책을 많이 읽으세요'보다는 늘 '책을 쓰세요'라고 권한다. 특히 남들이 하지 않은 특별한 경험을 했던 사람들에겐 꼭 그 이야기를 전해준다. 그것이 성공의 경험이든 실패의 경험이든.

책을 처음 쓰게 되는 사람들은 의심과 불안이 많다.
'과연 내가 책을 쓸 수 있을까?' 혹은 '내 이야기를 누군가 읽어주기는 할까?' 등등 수십 가지의 물음표를 달고 자신의 이야기를 시작한다. 책 쓰기 코치인 나와 이야기하다 보면 이런저런 이야기들로 책 쓰기에 대한 편견과 선입견이 해소된다. 그러면 자신 안에 있던 책을 쓰고 싶다는 욕구와 마주하게 되고 책 쓰기를 해보고 싶다는 용기와 자신감이 생긴다. 자신을 못 믿을 때는 나를 믿고 함께하는 경우도 있다. 나는 책 쓰기 수강생이 포기하지 않는 한 집필을 끝낼 때까지 단 한 번도 수강생의 손을 놓아본 적이 없다.

내가 열심히 살아온 인생을 말로 표현하는 것도 어렵지만 글로 표현하는 것은 더 어렵다고 생각할 수 있다. 나 역시도 첫 단어를 시작하지 못해 모니터의 빈 화면만 멍하니 끙끙 거리며 시간을 보냈던 날들도 분명히 있었다. 하지만, 이제 는 그런 시간을 빠른 몰입의 집필 시간으로 바꿔버리는 지 혜도 생겼다.

책 쓰기를 시작했다면 반드시 끝을 보자. 작가는 메시지를 전하는 사람이다. 자신의 책에 자신이 주장하고자 하는 명 확한 메시지를 가지고 있다면 주눅 들 필요가 전혀 없다.

내가 생각하는 책 쓰기의 가장 좋은 점은 개인화된 경험 을 공식화된 활자로 출간할 수 있다는 점이다. 나의 개인적 인 이야기가 공적인 이야기로 공간을 옮겨가면 수많은 사람 들에게 영향을 미칠 수 있는 파급력이 생긴다. 종이책, 전 자책 할 거 없이 그 수많은 정보의 흐름 속에서 내 이야기가 올곧이 책 한 권에 담긴다는 것은 정말 멋진 일이 아닌가.

물론 책 쓰기가 쉽다는 말은 절대 하지 않겠다. 책 한 권 을 써본 사람은 책을 읽던 독자에서 책을 쓰는 저자로 위치 가 바뀌게 된다. 책을 읽는 태도나 책을 대하는 태도도 예전 과는 같을 수 없다. 그동안 내가 해왔던 모든 경험은 나에게 책을 쓰는 좋은 재료가 된다. 다른 사람의 책을 읽더라도 이

저자가 책을 쓰기까지 감내해야 했을 그 수많은 시간에 무한히 감사하며, 한 줄 한 줄을 읽더라도 그 책을 나의 것으로 소화할 수 있다.

얼마 전에 내가 책 쓰기 코칭을 하는 걸 알게 된 친구가 물었다. '너는 왜 남을 돕고자 하는지'에 관해 물었다. 깊이 생각해 볼 것도 없이 바로 대답이 나왔다. 나는 다른 사람의 성장을 지켜보는 것을 좋아하는 사람이고, 내가 도와줄 수 있는 것은 다 주어도 아깝지 않은 사람이라고 답했다. 운이 좋게도 나는 그 사람만의 개성이나 강점을 쉽게 알아보는 안목과 재능을 가졌다. 다른 사람들이 미처 알아채지 못한 그 사람만의 가능성을 점과 점으로 이어 선으로 만들어 볼 수 있다. 스스로가 알지 못하는 것을 일깨워 슬쩍 등을 밀어주거나 인생의 새로운 문을 여는 데 약간의 힘을 보태줄 수 있다. 나의 작은 행동이 한 사람의 인생에 다른 기회의 문을 열어주게 할 수 있다는 건 더없이 멋진 일이라고 생각한다. 나에게는 다른 사람의 성장을 지켜보는 것이 그 어떤 경험과도 맞바꿀 수 없는 정말 기쁘고 뿌듯한 일이다.

책을 처음 쓰는 사람들은 초고를 쓰는데 짧게는 3개월에서 길게는 6개월까지 시간이 걸린다.

초고를 시작해서 퇴고를 1년이 되기까지 끝내지 못한 사람들은 시간이 지날수록 좌절의 늪으로 깊이 빠져들기도 한다. 그래서 나는 초고를 완성한 사람들이 탈고를 마칠 때까지 절대 포기하지 않도록 돕는다. 초고라는 싹을 틔운 사람들이 중간에 지레 겁먹고 포기하지 않을 수 있도록 옆에서 계속 동기부여를 하고, 곁에서 넘어지지 않도록 지탱해 주는 역할을 한다. 책 쓰기를 포기하지만 않는다면, 반드시 새로운 세상을 향해 나아가는 또 다른 희망을 찾을 수 있기 때문이다.

자신만의 반짝반짝 빛나는 이야기를 발견해 보자.

자신이 가진 경험이 너무 평범하다고 생각된다면, 언제든지 나를 찾아와도 좋다.

살아오는 동안 그 누구나 아주 좋았던 순간들도 있고, 좌절을 벗어나 어려움을 극복한 순간들 역시 한 번쯤은 가지고 있기 마련이다. 인생이라는 여정을 지나오면서 처음부터 그대로인 사람은 아무도 없다.

자신만의 이야기에 가치를 부여하는 법을 책 쓰기로 배워

라. 그 이후엔 절대 책 쓰기 이전으로 돌아갈 수 없는 멋진 세상이 열린다. 우리가 동화책에서나 만나보았던 마법은 바로 책을 쓴 이후에 일어나기 때문이다. 책을 써본 사람만이 알게 되는 마법의 문이 궁금하지 않은가.

저는 책을
많이 안 읽었는데요

1636년 미국 최초로 설립된 대학인 하버드 대학교에서는 1872년부터 최초로 글쓰기 교과목인 'EXPOS 20'(Expository Writing)을 150년 이상 운영해 왔다고 한다. 하버드 대학교는 글쓰기를 중요하게 생각해 신입생부터 다양한 주제 강좌를 전공 교과와 함께 4년간 훈련시킨다. 이 수업은 소수 정예 열다섯 명 이내로 14주간 진행되는 적극적인 세미나 수업이다. 하버드에서 가장 강도 높은 수업 중 하나라고 불리는 이 수업의 특이한 점은 평가 방식에 있다. 세 편의 에세이 초고를 교수님께 먼저 제출하면 교수님의 일대일 피드백이 있고, 세 명씩 그룹을 만들어 서로의 글을 읽고 비평하는 방식으로 함께 발전하고 성장한다고 한다.

우선 쓰고, 인생 작가가 됩니다

우리가 하고자 하는 책 쓰기는 책을 쓰기 위한 기술을 배우고, 명확한 메시지를 담아 진정성 있는 마음을 전하면 된다. 글을 잘 쓰려고 노력하는 것보다 간결하고 쉽게 글을 쓰는 것이 더 좋다는 말이다.

나의 경험에서 우러나온 삶의 진심, 그리고 내가 배우고 깨달은 것에 대한 경외심, 그리고 내가 살면서 경험으로 알게 된 것들에 대해 나누고자 하는 진정성 있는 마음이 더 큰 가치를 부여한다.

독자들은 초보 작가와 기성 작가를 구분하지 않는다. 중요한 것은 나의 이야기가 내 글을 읽는 사람에게 도움이 되느냐 아니냐 하는 것이다. 내가 쓴 글이 열 명에게만 인생의 작은 도움을 줄 수 있어도 그 책은 성공한 것이다. 그러니 자신감을 가지고 책을 쓰자.

책을 다독하면 좋은 건 누구나 다 아는 진리이다. 책을 찾아서 읽는 과정, 읽고 나서 삶에 적용하는 과정, 그리고 그 읽은 책을 다시 나의 것으로 만들어 가는 과정 이 모든 과정이 독서이다. 그러나 독서는 수동적인 '읽는 행위'이고, 그 이후의 아웃풋은 '선택의 문제'다.

반면에 책 쓰기는 아웃풋이 기본이다. 적극적이고 자발적인 '쓰기'가 기본이 되기 때문에 내 안의 숨은 이야기와 전하고자 하는 메시지를 재정의해 밖으로 꺼내놓아야 한다.

책 쓰기는 나의 경험을 많이 살려서 쓰는 책과 내가 연구하고 싶은 분야를 공부하며 기획하는 책 2가지 방향으로 나뉜다. 기획을 잘하고, 방향 설정을 잘해서 쓰기 시작하면 누구나 할 수 있는 것이 책 쓰기이다. 전달하고자 하는 메시지만 정확하다면, 중학생도 쓰고 고등학생도 쓰고 대학생도 쓰는 것이 바로 책이다.

우리는 학창 시절에 수행평가 과제나 리포트를 제출해 본 경험이 누구나 다 있다. 회사 생활을 하면서도 보고서 제출은 일상적인 업무이다. 그러니 '쓰기'는 누구나 다 해낼 수 있는 자질을 가지고 있다. 단지 중요한 점은 '책 쓰기를 하고 싶은 간절한 의지가 있는가'이다.

일반인의 책 읽기와 작가의 책 읽기는 접근하는 관점이 다르다. 보통 책 한 권을 쓰기 위해서는 작가가 참고하는 책은 대략 30~50권 정도가 된다. 즉 자신의 글을 더 풍성하게 만들기 위해서 경쟁 도서도 살펴보아야 하고, 벤치마킹하고 싶은 책들과 쓰고 싶은 내용의 참고 도서도 살펴보아야 한다. 하지만 더 중요한 것은 자신이 하고자 하는 이야기들을 뒷받침해 줄 수 있는 근거가 되는 책들에 관한 공부다.

작가가 읽는 책들은 모두 다 자신의 책 쓰기에 연관될 수밖에 없고, 자신의 책에 쓸 재료를 수집하거나 사냥하는 사냥꾼의 마음으로 문장 한 줄 한 줄을 읽게 된다. 책을 쓰는 동안에는 잡지 한 줄, 사건 한 줄, 뉴스 한 줄 등 일상의 모든 소재가 집필하는 데 살아 숨 쉬는 재료가 된다.

나는 브랜딩 일을 하면서 자연스럽게 생긴 습관이 있다. 직업병이라고 해야 할지도 모르겠다. 브랜드 네이밍 일을 시작한 이후로 나는 모든 가게의 간판을 다 읽고 발음해 보고 분석해 본다. 그게 한국이건 외국이건 항상 길거리의 간판을 읽어내는 습관이 있다. 그리고 손에 잡히는 활자로 된 것들은 그냥 다 눈길이 간다. 현업의 감각을 유지하기 위한 일종의 직업병이라 할 수도 있고, 습관적으로 나를 트레이닝하기 위한 습관이라고도 할 수 있다.

내가 브랜딩 일을 하기 위해서 계속 이렇게 잠재적으로 데이터를 쌓아두고 필요할 때 꺼내 쓰는 것처럼, 작가 역시 책을 대할 때 일반 독자의 마음으로만 책을 대하지는 않는다. 항상 집필을 염두에 두기에 읽는 책들의 문구나 문장들은 굉장히 주의 깊게 보고, 메모를 해 둔다.

이 문장을 비틀어서 목차에 쓰면 좋지 않을까 혹은 이 단락을 근거로 인용할 수 있을까 등 집필하는 동안 읽는 것들마다 다양한 생각들이 꼬리에 꼬리를 물게 된다. 집필하는 동안 끊임없이 주변의 도서들을 살피며 필요한 부분을 취해서 읽게 된다. 이것이 작가의 책 읽기다.

'내가 과연 책을 쓸 수 있을까?' 혹은 '과연 내가 해낼 수 있을까?'라고 자신을 믿지 못하고 불안하다면, 책 쓰는 내내 당연히 그럴 수 있다. 불안할 때는 숨을 크게 들이마시고 내쉬는 복식 호흡을 하거나 명상하는 것이 마음의 안정을 되찾는 데 큰 도움이 된다.

책 쓰기를 하는 수많은 과정 중에 불안과 두려움이 나를 잡아먹도록 두지 말자. 책을 쓰는 동안 엄습해 오는 두려움과 불안은 그대로 지나가게 두면 된다.

우리가 집중해야 할 것은 계획한 그날의 분량을 미루지 않고 반드시 써내는 것이다. 그리고 불안이나 두려움보다는 '쓰는 것'에 집중하는 마음이다. 그리고 자신이 작가가 반드시 될 수 있다고 믿어야 한다.

자신을 굳게 믿고 꾸준히 '출간'이라는 목표를 향해 달려
갈 수 있기를 나의 온 마음을 담아 진심으로 응원한다.

과연 제가 책을
쓸 수 있을까요

지식 기업가 혹은 1인 기업가들에게 수많은 영향을 미친 동기부여가이자 경영 컨설턴트인 브렌든 버처드는 『두려움이 내 삶을 결정하게 하지 마라』에서 두려움은 회피 동기라 말했다. 두려움을 친구로 변장시키려는 의도는 늑대를 애완동물로 키우는 것과 같다고 말했다.

원시 시대서부터 있었던 인간의 두려움은 사자나 호랑이에게 언제든 쫓길 수 있다는 신체적 위협이었다. 더 이상 초원에서 사자나 호랑이에 쫓길 만큼 신체적 위협이 일어날 일은 생기지 않는다. 오히려 안전지대에만 계속 머물고자 하는 정서적 안락을 바라는 자아의 욕망이 위협으로 모습을 탈바꿈했다. 두려움은 주로 중압감이나 압박감으로부터 밑바닥에 깔린 인정 욕구를 충족시키고자 의존하게 만든다.

사람들은 자신의 두려움에 대해서 말하기를 꺼리거나 회피한다. 보통 실질적인 위협이나 위험일 경우보다는 상황으로부터 도망치려 하거나 자신이 상처받을 것 같은 상태에서 도망가고자 하는 마음의 불안이 더 크다. 사실상 민낯이 드러나 사람들에게 받을 질타 혹은 날것의 진실이 밝혀질 것을 두려워하기 때문에 생기는 불안일 경우가 더 많다.

내가 책 쓰기를 가르치면서 수강생들에게 가장 많이 듣는 말 중의 하나는 '제가 과연 책을 쓸 수 있을까요?'라는 질문이다.

이 질문 안에는 책 쓰기를 못 할 것 같은 주눅 든 두려움과 낮은 자존감이 숨어있다.

그리고 자신을 믿지 못하는 다양한 불안 요인과 두려움이 감추어져 있다. 나에게 회피하고 싶은 동기에 대한 동의를 얻고자 하는 질문인데, 나는 결코 쓸 수 없다는 말로 동의해주지 않는다.

답은 '당연히 쓸 수 있습니다'이다. 우선 쓰고, 무조건 쓰다 보면 일정 분량이 채워지기 마련이다. 꼭 책을 출간하겠다는 목표 의식을 굳건하게 가지면 원하는 목적지까지 반드시 갈 수 있다.

'책 쓰기 과정'은 꾸준한 성실함이 수반되어야 하는 과정이다. 그 누구도 책을 쉽게 쓰는 사람은 없다. 생각만큼 의지만큼 써지지 않는 분량에 답답함이 차오를 때도 물론 있다. 책을 쓰면서 감정이 뒤엉키기도 하고, 힘든 기억이 떠올라 그 시간을 힐링하거나 되돌아보기도 한다.

책을 쓰는 건 자기 자신을 마주 보며 안개 낀 미지의 길을 뚜벅뚜벅 걸어가는 것과 같다.

자신과 집필에 대한 끊임없는 약속을 지켜나가는 일이다.

책을 처음 쓰거나 두 번째 쓰거나 세 번째 쓰는 것도 여전히 자신의 내면에서 무엇인가를 계속 끌어올려 써가는 여정이다. 이렇게 힘이 들어가는 책 쓰기 과정을 계속 반복할 수밖에 없는 이유는 책이 출간되는 기쁨이 책을 쓰는 어려움보다 더 크고 오래가기 때문이다. 책을 한 번 쓰게 되면 책을 쓰기 이전으로 돌아가기 어려워진다.

나 역시 책을 계속해서 쓰면서 책 쓰기를 가르치는 이유도 '성장'이라는 단어를 내 안에 더 아로새기는 과정이기 때문이다. 그리고 더 크게 성장하고자 하는 나의 욕심이기도 하다.

최근에 유튜브에서 '김창옥 디글쇼' 한 편을 보게 되었다.

김창옥 작가님이 대학 시절 성악에 대한 진로를 고민하던 중 담당 교수님께서 교육 연극 쪽을 추천해 주셨다고 한다. 교육 연극 쪽으로 가장 유명한 뉴욕 대학교에 직접 추천서까지 써주셨는데, 김창옥 작가님은 뉴욕으로 떠날 수 없었다고 한다. 그 시기에 집안이 어려웠고, 뉴욕의 학비와 생활비가 너무 비싸서 혼자서는 차마 갈 엄두를 못 냈다고 한다.

그런데 얼마 전 일 때문에 우연히 뉴욕대 앞을 지나가게 되었는데, 내가 뉴욕대 교육 연극을 할 수 있었는데 '안 했다'라는 것을 깨닫게 되었다고 한다. 내가 간절히 원했다면 어떻게든 방법을 찾아서 뉴욕에 왔을 텐데 '내가 원하지 않았기 때문에 안 했다'는 것을 그제야 알게 되었다고 한다.

이처럼 우리는 그 시절에만 할 수 있는 일들이 있음에도, 그 일을 하지 않은 나의 상황을 핑계 삼아 합리화해 버리곤 한다. 그것은 상황 때문에 할 수 없었던 것이 아니라, 충분히 방법을 찾으면 할 수도 있었던 일을 내가 그만큼 좋아하지 않았거나 원하지 않기 때문에 우선순위에서 밀려나 선택하지 않았던 것뿐이다.

"내가 나를 위하지 않으면 누가 나를 위해줄 것인가?
지금 하지 않으면 언제 할 날이 있겠는가?"

하버드대 심리학 교수인 스티븐 핑커(Steven Pinker)는 항상 이 두 문장을 가슴에 새기며 좌우명으로 삼는다고 한다. 그는 팀 페리스의 팟캐스트 인터뷰를 통해서 이 두 문장이 자신의 인생을 '언어와 인지'에 대해 연구하도록 지속적으로 이끌어왔다고 했다.

내가 처음 책 쓰기를 시작했을 때, 나는 그저 '책을 쓰고 싶다'라는 마음만 가지고 시작했다.

글쓰기를 어려서부터 다른 사람에 비해 쉽게 쉽게 하는 편이었던 나는 생각보다 책 쓰기가 어려워서 적잖이 당황했었다. 그래서 한동안 하얀 바탕에 깜박이는 커서만 바라보며 현타가 왔던 적도 있고, 문장의 시작 혹은 문단의 연결을 어떻게 풀어나가야 할지 몰라서 헤매던 일들도 많았다. 그럼에도 나는 책을 쓰겠다고 마음을 먹었기 때문에 결과물을 꼭 내고 싶었다.

그래서 나는 더 많이 생각했다. '내가 가장 잘 쓸 방법은 무엇일까?'라고 생각했다. 조금 더 쉽게 접근할 수 있는 가장 쉬운 레벨이 무엇일까를 계속 고민하다 내가 가장 좋아하는 것에서부터 쓰기 시작했다. 글을 좀 더 편안하고 쉽게 쓰기 시작할 수 있었고 술술 써 나갈 수 있었다. 나는 내가

첫 문장부터 쉽게 쓸 수 있는 꼭지부터 쓰기 시작했고 그 꼭
지들을 모아 글을 조립하는 방향으로 첫 책을 썼다.

지금은 주제를 정하고 목차를 정리하고 나면 순서대로 거
침없이 빠르게 글을 쓴다.

명상하는 것이 나의 일상 습관이 된 이후로는 몰입에 들
어가는 시간이 굉장히 빠르게 단축되었다. 빈 페이지에 커
서가 깜박이면 망설임 없이 바로 글을 쓰는 것이 훨씬 더 수
월해졌다.

책 쓰기는 기술이 2이고, 콘텐츠가 8인 작업이다. 초고를
쓰는 일은 다른 말로 표현하자면 학교 다닐 때 리포트를 쓰
는 과정과 비슷하다고 생각한다. 우리는 그 누구도 리포트
를 '글을 쓴다'라고 생각하지 않으며, '과제를 한다' 정도의
가벼운 마음으로 한다.

책 쓰기 역시 '나를 위한 프로젝트를 한다' 정도의 가벼운
마음가짐으로 접근하면 좀 더 편하게 글을 써 나갈 수 있다.
처음부터 큰 부담감을 안고, 무엇인가를 잘 쓰려고 하면 절
대 초고는 완성되지 않는다. 초고는 어차피 초고일 뿐이다!

책 쓰기를 안 해본 사람일수록 왜 그렇게 작가들이 '초고! 초고! 초고!'라 하는지 이해가 안 갈 수 있다. 초고는 일단 나의 의지를 다잡는 과정이기 때문에 스스로가 정해놓은 데드라인에 무조건 맞추어 끝내는 것이 좋다. 초고는 어디까지나 나를 위해 쓰는 과정이기 때문이다.

초고를 완성했다면, 작가가 되는 길의 절반까지 걸어온 것이다. 누구든지 의지만 있다면 책은 반드시 쓸 수 있다.

우선 쓰고, 인생 작가가 됩니다

2장

이름값 하는
인생 첫 저서|↵

First, Write — Become the Author of Your Life

First, Write — Become the Author of Your Life

쫄지 말고
거침없이 쓰는 용기

『하루키는 이렇게 쓴다』를 집필한 나카무라 구니오 작가는 문장 쓰는 법의 많은 부분을 무라카미 하루키에게서 배웠다고 한다. 하루키의 문장은 심플하고 음악처럼 리드미컬해서 그는 하루키처럼 쓰고 싶은 마음이 간절했다고 한다. 나카무라 구니오 작가는 하루키의 문체를 닮기 위해 그의 소설과 에세이를 닥치는 대로 읽으며 그의 문장력을 배웠다고 했다.

좋은 문장에 욕심을 가지고 있다면 필사하거나 좋아하는 작가의 문체를 따라 써보며 내 문장으로 체득해 보는 연습을 하면 좋다. 그리고 문장 쓰는 법 혹은 글 쓰는 법에 관한 책들을 탐독하는 것도 하나의 방법이다. 이 중에서 가장 확실한 방법은 매일 써보는 것이다. 다양한 글들을 많이 써볼

수록 더 좋은 글이 써지는 것은 당연한 이치다.

글쓰기와 책 쓰기의 다른 점을 이해하기 위해서 우리가 가지고 있는 선입견과 편견을 깨야 한다. 평소 우리가 생활하는 일상생활 반경 안에 작가가 드물기 때문에, 작가에 대한 무한한 동경과 경외심을 가지고 있다. 그러다 보니 우리는 은연중에 작가는 어려운 것이고 아무나 될 수 없는 것으로 생각해 왔다.

소설이나 시 등 예술 작품을 전문으로 쓰는 작가나 시나리오 작가는 일정 기간 숙련의 시간이 많이 필요하다. 자신만의 개성 있는 글과 문체를 만들기 위한 끊임없는 노력을 해야 하고, 나만의 작품 세계를 구현하려는 정성스러운 노력이 많이 필요하다.

반면에 책 쓰기는 자기 생각을 보여주고, 경험을 나누어 주면 된다. 자기 생각을 글로 써 내려가면 된다. 남들보다 조금 더 관심이 있고 조금 더 잘하게 된 '무엇'에 대해 설명해 가면 된다. 특히 초심자가 책을 통해서 원하는 것을 얻을 수 있도록 도우면 된다. 즉 '초심자를 위한 안내서'라고 생각하면 보다 더 쉽게 쓸 수 있다. 셀프 인테리어·수납·낚

시 · 뜨개질 · 클라이밍 · 등산 · 재테크 · 요리 · 피규어 · 다이어트 · 여행 · 뷰티 · SNS 등 내가 경험한 특정 분야에 대한 지식과 경험이 남들보다 조금 더 많다면 그 지식과 경험을 나의 글로 써서 쉽게 알려주면 된다.

기술이나 연구를 알려주는 서적이라면 하나하나 설명해 나가면 된다. 기술이나 연구를 통해 터득한 자신만의 노하우가 있다면 그걸 더 자세하고 구체적으로 쓰면 된다. 마치 옆 사람에게 알려주듯이 말하듯이 써 내려가면 글이 모이고 그것이 책이 된다.

자신의 경험을 쓴다면 조금 다를 수 있다. 경험한 어떤 소재를 선택하여 무엇을 부각할 것인지에 대한 취사선택이 필요하고, 경험의 재구성이 필요할 수도 있다. 기획자의 시선으로 편집이 필요할 수도 있다. 남들과 다른 경험을 객관적 시선으로 바라보고, 좀 더 매력적으로 기획하거나 구성해서 작가의 경험이나 생각을 더 돋보이게 하는 노력이 필요하다.

책을 처음 쓰는 작가는 아무리 책을 많이 읽었더라도 헤매기 마련이다. 쓰기에 익숙한 사람일지라도 책 한 권을 온전히 자신의 힘으로 써보지 않았다면 아무리 글을 많이 써보았다 하더라도 어려울 수 있다.

책은 나의 경험에 비추어 내가 겪었던 어떤 경험을 선택하며 책을 써 나가는 것이다. 책을 잘 기획하고 퍼스널브랜딩까지 접목할 수 있는 책 쓰기 코치에게 온다면 초보 작가는 훨씬 더 도움을 많이 받을 수 있다. 책을 쓰기 시작할 때부터 어떤 방향으로 나아갈지에 관해 큰 그림을 먼저 그려볼 수 있다. 그 후에 책 쓰기를 시작하게 하는 나의 코칭 방법이 책 쓰기 기술만 가르치는 다른 코치들과 가장 큰 차별점이다. 그래서 나에게 책 쓰기 코칭을 받은 사람들은 책 출간 목표 달성까지 멈추지 않고 끝까지 완주하며 다른 인생 챕터를 하나씩 열어간다.

나는 브랜딩 크리에이티브 비즈니스 현장에서 23년이 넘게 다양한 사람들과 수백의 기업들을 만나며 최적화된 솔루션을 제시했던 컨설팅 경험이 있다. 특히 세상에 없던 브랜드를 만들거나 혹은 세상에서 외면받고 있던 브랜드를 다시 기획하고 재설계해서 세상 안으로 밀어 넣는 역할을 해 온 사람이기도 하다.

나는 책 쓰기와 작가 브랜딩에서도 똑같이 독자의 관점에서 작가가 어떤 포지셔닝을 가지면 좋을지 고민한다. 작가의 경험 밀도에 강약을 구분해서 어떻게 표현할 수 있을지 객관적으로 고민한다.

나 역시 매일 한 뼘 더 성장하려 노력하는 작가이고, 수강생에게 명확한 시각을 가지고 이끌어 주고자 노력하는 책 쓰기 코치이자 퍼스널브랜딩 컨설턴트이기 때문이다.

책을 처음 쓴다고 쫄지 말자. 형체가 없는 두려움에 잡아먹히지 말고, 일단 쓰기를 반복하면서 도전하자. 우선 쓰기 시작하면, 언젠가 끝이 난다.

책 쓰기 위한 시간과 노력을 좀 더 효과적으로 쓰고 싶다면 자신에게 더 나은 방법을 모색해 가면서 결과물을 만들면 된다. 책 쓰기를 하다 보면 다양한 시행착오를 겪을 수 있고 그러면서 나에게 가장 잘 맞는 좋은 방법을 찾아나갈 수 있다.

작가가 되기로 선택한 결심을 진심으로 축하한다.
'좋은 선택'은 항상 자신을 더 나은 세계로 이끌어 줄 것이다.

책 쓰기를 못 하는
심리적 장벽 3가지

"힘 있는 글은 간결하다. 문장에는 불필요한 단어가 없어야 하고 단락에는 쓸데없는 문장이 없어야 한다. 모든 단어가 군더더기 없이 제 목소리를 내야 한다."

라고 말했던 스트렁크 교수님의 말씀에 나도 전적으로 동의한다. 글을 고칠 때 마지막으로 계속 살펴야 하는 것은 '더하기'가 아니라 무조건 '빼기'다. 마지막 퇴고를 할 때는 최대한 '빼기'를 통해 글의 중언부언을 피하고 간결한 문장으로 쉽게 이해될 수 있도록 군더더기를 제거해야 한다. 그래야 글이 가장 편안하고 쉽게 읽힌다.

미국 코넬대학교의 영문학과 교수였던 윌리엄 스트렁크 주니어는 장황하고 애매모호하게 글을 쓰는 학생들을 위해

우선 쓰고, 인생 작가가 됩니다

『스타일의 요소(THE ElEMENTS OF STYLE)』라는 실용서를 편찬했다. 이 책은 대학 신입생들의 필독서로 자리 잡았는데, 100년 동안 1,000만 부 이상 팔렸다고 한다. 지금도 『미저리』 작가인 스티븐 킹이나 『다빈치 코드』 작가인 댄 브라운 같은 유명한 작가들이 책상에 두고 보는 책이라 하는데, 국내에서는 『영어 글쓰기의 기본(THE ElEMENTS OF STYLE)』이라는 제목으로 출간되었다. 아주 얇은 실용서인 이 책은 글쓰기 강의의 핵심으로 아직도 MIT 공과대학교, 컬럼비아 대학교 등 유명 대학의 필수 교재로 쓰이고 있다.

우리는 학교생활을 하는 동안 국 · 영 · 수라고 부를 만큼 '국어'는 학교생활에 우선적으로 중요한 과목이었다. 수업 시간에 문제를 풀면서 혹은 글쓰기 연습을 하면서 '서론-본론-결론'으로 구성하는 것을 배웠고, 글 단락을 나누는 것들도 이미 다 익혀 왔다. 다만 꾸준히 글 쓰는 상황에 노출되지 않았기에 다시 시작하는 글쓰기가 더 어렵게 느껴지는 것이다.

책 쓰기를 못 하는 대표적인 이유는 3가지가 있다.

그 중 첫 번째 이유는 '시간이 없어서'이다. 우리가 주로 이야기하는 '시간'의 문제는 사실 그것을 할 마음이나 태도의 문제이지, '물리적 시간'의 문제는 아니다.

만나는 사람들에게 우리가 '언제 밥 한번 먹어요'라고 인사를 했다면, 그냥 지나치는 인사치레인 것을 어른이라면 다 안다. 하지만, '우리 밥 한번 먹을까요? 이번 주 토요일 2시 시간 되세요?'라고 물었다면 이건 실행의 문제이고, 바로 만남을 약속하는 적극적인 행동이다.

시간 문제로 회피할 핑계를 만들어 버리는 것은 '결심'을 하고 싶지 않다는 마음의 반증이며, 지금은 그것을 원하지 않는다는 다른 해석이다. 실제 속마음은 지금 시점에 내가 책을 써야 하는 시기인지 모르겠다며 회피하는 마음이 클 때 나타나는 반응이다. 오히려 책을 쓸수록 자기 일에 관한 생각은 견고해지고 뾰족해지며 확실하게 정돈된다. 책 쓰기를 안 해본 사람은 절대 알 수 없는 진리다.

책을 쓰고 싶다는 마음이 들어 결심할 때는 보통 심경의 변화가 나타날 때이다. 그때는 인생이 당신을 앞으로 더 나아가게 밀어주는 시기인 것이다. 이럴 때는 보통 운이 열리거나 더 좋아지는 시기를 준비하는 시간이기 때문에 되도록

우선 쓰고, 인생 작가가 됩니다

무조건 움직여서 '저서'라는 결과물을 만들어 내야 자신이 바라는 큰 걸음을 내디딜 수 있는 계기가 된다.

두 번째 이유는 '내가 어떻게 책을 써?'라고 느끼는 두려움의 문제다. 주변에서 아무리 이야기해 줘도 본인의 가치를 너무 낮게 평가하거나 자존감이 낮은 경우다. 두려움과 불안이 커서 스스로 도망가 버리는 상황에 해당한다. 어느 작가나 책을 쓸 때 두려움을 가진다. 다만 작가들은 책을 쓰면서 만나게 되는 두려움을 다루는 법을 알기 때문에 결과를 알 수 없더라도 계속해서 책을 써 나갈 수 있다. 일단 쓰는 것에만 집중하면 된다.

쓰는 일은 '명상'이나 '걷기'와도 같아서 쓰기에 몰입하는 일정 시간이 되면, 내 안의 시끄러운 에고의 목소리들은 가라앉는다. 그저 책을 더 잘 쓰는 방법들에 생각하며 부지런히 집중해서 쓰게 된다. 두려움이라는 그 감정을 붙들지만 않는다면, 그 순간 두려움은 그저 지나가는 감정이다. 두려운 감정이 올라온다면 7초 이상 그 감정을 붙들고 있지 않으면 된다. 그 쓸데없는 감정과 불안을 싸안고 감정의 소용돌이에 휘둘릴 필요가 전혀 없다.

세 번째, 책을 시작했다가 끝까지 쓰지 못하는 이유인데 바로 '습관의 문제'다. 큰맘 먹고 책 쓰기를 시작했는데 용두 사미처럼 시작만 거창하고, 끌고 나가는 힘이 너무 나약한 것이다. 이 글을 읽는 독자분들은 나에게 어이없다고 할지 도 모른다. 글을 못 써서도 아니고, 시간을 못 내서도 아니 고, 단순한 습관의 문제라니 황당하다고 생각할 수 있다.

집필을 꾸준히 해내기 위해서는 글을 쓰는 작가의 '꾸준 함'과 '성실함'이 가장 중요한 바탕이다. 이 이야기가 책을 안 써본 사람들에게는 절대 와닿지 않을 말이라는 것을 너 무 잘 알고 있다.

나 역시 책 쓰기를 처음 시작했을 때, 이 단순한 원리를 이해하지 못했다.

나는 처음 책을 쓸 때, 평일에는 회사 일과 육아·집안일 에 정신이 없었다. 주말에는 이틀 내내 서울에서 양평까지 가서 가게 일을 봐야 해서 일이 정말 너무 많았다. 되도록 어떻게든 시간을 만들어 책을 쓰려고만 했다. 그러다 보니 시간을 만들어 내야 하는 어려움에 매번 봉착하게 되었다. 시간을 더 짜내서 글을 쓰려 노력하는 일들이 반복될수록 몸도 마음도 지치고 힘들어졌다. 책을 쓰기 위해 일부러 만

우선 쓰고, 인생 작가가 됩니다

들어 낸 시간엔 최대한 집중해야 했다. 관련 도서들을 많이 읽으며 참고해야 하는데 시간은 배로 들면서 효과는 반 이상으로 떨어지는 나락을 경험해야 했다. 이렇게 끝없이 추락하는 경험은 책 쓰는 나를 점점 더 작은 존재로 만들어 버렸다. 자존감은 계속 떨어지고, 과연 내가 이 책을 쓸 수는 있을 것인가에 대한 의심과 불안이 점점 더 커지면서 나 자신을 믿지 못하는 상황까지 봉착했었다. 그럼에도 나는 꼭 결과물을 만들어 내고 싶었고, 내 책을 출간하고 싶었다. 결국 저녁 습관을 바꾸는 것으로 고정된 집필 시간을 만들었고, 거듭되는 퇴고를 무사히 마칠 수 있었다.

이런 감정의 소용돌이를 몇 번쯤 경험하다 보면 어느새 멘탈이 너덜너덜해진다. 멘붕이 오는 이 시간을 잘 견딜 수 있다면, 퇴고를 끝내는 그 시간을 향해서 더 빠르게 나아가는 길에 설 수 있다. 그리고 책 쓰기에 대한 간절한 마음과 목표를 포기하지 않겠다는 결심이 굳건하다면 무조건 끝까지 완주할 수 있다.

책 쓰기는 마라톤과 비슷하다. 100m 단거리 달리기가 아니라, 42.195km 장거리 달리기다. 그만큼 시간 안배와 체력 안배 등 여러 일상 리듬을 조절해 가며 균형감을 찾아

나가야 한다. 가장 중요한 것은 책 쓰기를 위한 시간을 꾸준히 확보하는 것이다.

책을 쓰겠다고 마음먹은 그 시간에는 무조건 책상 앞에 앉아 있어야 한다. 성실함을 이길 자는 아무도 없다. 처음 습관을 들이는 데 익숙하지 않아서 낯설 수도 있다. 이런 경우에는 책 쓰는 시간을 일상생활 안에서 고정 시간으로 붙들어 두면 매일 책 쓰는 시간을 만들어 낼 수 있고, 안정적인 습관으로 만들 수 있다.

우리가 새로운 습관을 만드는 데 최소한 66일이 필요하다. 작심삼일씩 계속 반복하더라도 괜찮다. 작심삼일이면 어떤가. 작심삼일을 하더라도, 작심삼일을 일곱 번만 반복하면 21일이 된다. 21일 동안 지속해 왔다면 이미 습관으로 형성된 것이다. 21일을 세 번 반복해서 66일이 되었다면 자연스러운 나의 습관으로 자리를 잡는다. 규칙적인 습관은 무의식중에도 책 쓰는 시간이 되면 몸을 자동으로 움직이게 할 수 있다.

책 쓰기는 단어 하나, 문장 하나하나에 공을 들여 완성하는 예술 작품이 아니다. 책 쓰기 초고는 무조건 빠른 속도로 완성하는 것이 좋다. 그러니, 초고에 너무 큰 욕심을 내지 말자. 우리는 예술 작품으로 승화시킬 나의 무엇인가를 찾는 것이 아니고, 내가 생각하는 메시지를 독자에게 가장 쉽게 전달할 수 있는 책 쓰기를 하는 것이다.

누구나 처음은 낯설고 어렵고 두렵다. 매일 살던 모습 그대로 살아간다면 더 이상의 성장은 없다. 자신이 살던 방식의 안전지대 밖으로 나와야만 다른 결과를 만날 수 있다.

이야기를 의미 있게
만드는 전제

인간은 3만 7천 년보다 훨씬 전부터 그림을 그리기 시작했다고 한다.

인류는 겨울잠을 자던 곰들이 발톱으로 긁어놓은 진흙 벽의 흔적에 영감받아 그 위에 숯으로 그림을 더하고 색도 칠해왔다. 시간이 흐르면서 다양한 세대들의 연속성이 생겼고, 세대를 거듭해 전해지는 '동굴벽화'라는 의도적 예술이 되었다. 1994년 장-마리 쇼베가 이끈 아마추어 탐험가들에 의해 발견된 쇼베 동굴은, 3만 4천 년 전 산 사면의 일부가 무너지면서 봉쇄되었던 동굴이었다.

'동굴'은 선사시대서부터 인간이 의미를 만드는 장소였다고 한다. 동굴 속 그림이 세대를 거치면서 '상징'이나 '의식'

으로 사용되며 관습으로 발전했다. 극장이나 공연장처럼 이야기를 후대에 전승하는 공간이자 예술 문화를 전파하는 공간이 되었다. 동굴 예술가들은 진흙이나 염료에 손을 담갔다가 빼서 벽에다 자신의 흔적을 남겼는데 곰 흔적과 확연히 구별되는 이 흔적은 독특하고 개인적인 표현들이었다고 한다. 내가 미래를 위해 이 자국을 남기며 내가 여기 있었다는 흔적을 남긴 것이었다.

이미지 출처: Photo by HTO / Wikimedia Commons / CC BY-SA 4.0

쓰기를 좋아하는 사람은 많다. 특히나 쓰는 것으로 자기 생각과 느낌을 표현하는 것을 중요시해 일기를 오래 써 온 사람도 있을 것이고, 자신의 블로그, 인스타그램, 스레드나 페이스북에 일상을 기록으로 남기기를 좋아하는 사람도 많을 것이다.

『훔치는 글쓰기』를 집필한 사이토 다카시는 "소설가들이나 기자들은 누군가 내 글을 읽은 거라는 전제하에 글을 쓴다. 그렇기 때문에 그들은 글의 완성도가 높다. 사람들에게 감동을 주는 이유는 누군가가 읽을 것이라는 전제하에 글을 썼기 때문이다."라고 말했다. 쓸 때부터 읽을 사람을 고려했기 때문에 글이 좋아질 수밖에 없다.

개인적인 글쓰기는 엄연한 사적인 영역이기에 다른 사람들이 들여다볼 일이 거의 없다. 하지만 노출된 매체에 글을 쓴다면 짧은 글이라도 그 글은 계속 남고, 많은 사람이 그 글을 만나게 된다. 노출된 글을 쓸 때는 자신의 감정의 흐름도 중요하지만, '누군가가 읽는다'라는 것을 전제하에 글을 써야 한다. 책 읽기는 좋아하지만, 쓰는 것을 어려워하는 사

우선 쓰고, 인생 작가가 됩니다

람도 있고, SNS에 짧은 글은 많이 쓰지만, 호흡이 긴 문장 쓰기를 어려워하는 사람도 있다.

책을 쓰는 것은 반드시 '읽는' 독자가 있는 글이기 때문에 책 쓰기가 어렵다고 생각되는 것이다.

요즘 SNS에는 책을 읽는 공간 소개를 많이 찾아볼 수 있다. 인스타그램에 빠지지 않는 '가보면 좋을 ○○공간' 시리즈에 '책방·서점' 혹은 '꼭 가봐야 할 도서관'이라는 주제가 몇 년 전보다 더 많이 생성되고 있다. 말없이 혼자 앉아 조용히 책만 읽는 카페, 호텔의 북카페, 책을 읽는 한강 전망 카페 등 힙한 동네에는 독립 서점 2~3개쯤은 일반적인 일이 되었다. 또한 저녁부터 밤까지만 문 여는 책 읽는 술집 등 다양한 독서 경험을 제공하는 공간들이 생겨났다. '책'을 주제로 삼는 다양한 프로그램들과 공간 경험 역시 힙한 감성을 자극하는 이슈가 되었다.

2023년 20대 친구들 4명이 집에서 책장에 쌓여가는 먼지를 바라보며 서로의 고민 이야기를 나누다가 시작된 리딩파티는 'Reading Rhythms'라는 무브먼트로 유명해졌다. 뉴욕 루프탑에서 열 명에서 시작되어 불과 18개월 만에 20개도시와 이만 명 이상의 독자 커뮤니티로 폭발적으로 빠르게 번졌다. 기존 독서 모임의 공식을 깨고 '혼자 읽고 싶지만, 같이 있고 싶다'는 역설적인 욕망을 도서관의 고요함과 사교 바의 에너지를 결합하여 '힙스터들의 도서관'이 되었다. '함께 조용히 읽기'라는 콘셉트로 외로움의 시대에 혼자 읽되 같이 모여있는 완벽한 솔루션을 제시했다. 리딩파티는 시대의 고통과 외로움의 경제를 해결해 나가는 전 세계적인 문화 운동의 임팩트로 영향력을 발휘하고 있다.

2025년 트렌드 책에 독서 관련하여 새롭게 등장한 단어가 생겼다. 보통 어지간해서는 트렌드 키워드로 '독서' 관련 단어가 등장하는 일은 거의 없다. 신기하게도 2025년에는 Z세대의 독서가 불러들인 '텍스트 힙'이라는 신조어가 트렌드 용어로 등장했다.

김용섭 작가님의 『라이프 트렌드 2025』를 보면 2025년 트렌드 중에 원치 않는 것들을 계속 들어야 하는 소음 공해의 시대에 피로도가 높아진 사람들이 '조용함'에 주목하기 시작했다고 한다.

이야기를 의미 있게 만들기 위해서는 우리가 가져야 하는 것이 꼭 물성의 책만이 아니다. 책을 읽는 경험, 책을 쓰는 경험 그리고 그 경험으로부터 느끼거나 배울 수 있는 새로운 경험 모두가 책의 재료가 될 수 있다.

'한밤에 쓴 연애편지는 아침에 꼭 읽어보고 부쳐라'라는 옛말이 있다. '깊은 밤'에는 내 감정에 취하는 경우들이 많다. 읽는 사람을 생각하지 못하고 나의 감정만 앞설 수 있다. 연애편지 역시 이성이 더 우위에 있는 '아침'에 꼭 읽어보고 상대에게 보내도 괜찮을 것 같으면 부치라고 했던 것 같다. 나중에 이불 킥을 하지 않으려면.

이야기를 의미 있고 돋보이게 만들려면, 특수한 에피소드를 넣는 것보다 나만의 생생한 경험담을 들려주는 것이 더 재미있다.

제92회 아카데미 시상식에서 봉준호 감독은 영화 〈기생충〉 감독상 수상 소감을 아래와 같이 이야기했다.

"어렸을 때 항상 가슴에 새겼던 말이 있었는데 영화 공부할 때 가장 개인적인 것이 가장 창의적인 것이다.(중략)"

나는 봉준호 감독님의 이 이야기에 100% 공감한다. 개인적으로 경험한 어떤 소재들은 항상 이야기의 근본이 되거나 밑바탕이 되는 가장 좋은 씨앗이 된다. 책 쓰기 역시 가장 개인적인 경험을 토대로 자신의 이야기를 많이 풀어낼수록 좋은 책이 된다.

2024년 출간된 『나의 인생만사 답사기』에서 작가님은 좋은 글쓰기에 대한 비법을 공개하셨다. 유홍준 작가님의 책은 전문성과 대중성이 빛나는 글들이라 읽을 때마다 흥미롭고 재미있어 행복하다. 부록으로 챙겨주신 글쓰기 비법 중에 가장 인상적인 부분이 있었다. 유 작가님은 새로운 시선으로 글을 바라보아야 하며, 모든 글을 쓰기 전에 미리 리허설을 해본다고 하셨다. 스파링 파트너와 대화하면서 글의 내용을 미리 리허설해 보며 흥미를 느끼는지를 점검하신다는 내용이었다. 글쓰기에도 미리 사전 검토를 해보는 스파링 상대가 필요하다니! 나에게는 신선하고 흥미로운 깨달음이었다.

이야기를 풀어내는 방식은 작가들에게 배울 방법도 있고, 영화감독이나 예술가 등 다양한 사람들에게 배울 수 있다.

우선 쓰고, 인생 작가가 됩니다

다른 사람들이 해 온 방법 중에서 자신에게 가장 잘 맞거나 해보고 싶은 방법들을 따라 해보면서 하나씩 자기 것으로 소화해 나가면 된다.

책을 쓰기 위해서 참고하는 모든 것들은 좋은 이야기를 만들어 낼 수 있도록 돕는 조력자이자, 가장 좋은 코치가 된다.

오늘도 한 줄 더 읽고, 두 줄 더 쓰는 걸로 자신의 필력을 높여보자!!!

해외 경험을
기회로 살리다

"인생에서 진짜 비극은 천재적인 재능을 타고나지 못한 것이 아
니라 이미 가지고 있는 강점을 제대로 활용하지 못하는 것이다."

- 벤저민 프랭클린

나는 다른 사람들의 이야기를 늘 듣는 청자의 입장이 되
는 것이 지극히 자연스럽다. 직업의 특성상 다양한 사람들
의 이야기를 들어야만 해당 이슈의 분석이 가능하기 때문이
라 오랜 시간 '경청하는 일'에 훈련되었다. 특화된 23년 차
브랜딩 컨설턴트이기에 '경청'과 '질문'에 익숙한 사람이다.
다양한 산업 분야의 총괄 대표 및 CEO들의 이야기를 언제
나 제일 먼저 듣고 질문을 시작해 왔다. 항상 임원진을 시작
으로 해서 실무 담당자, 과장, 대리 심지어 인턴까지 현업에

서 근무하는 다양한 사람들의 이야기들을 들어왔다. 사람들의 이야기를 들으며 메모하고, 중요한 포인트를 짚어내고, 그리고 이상한 점이 있으면 질문해서 한 줄기로 이슈를 파악하는 데 전문적으로 훈련이 되어왔다. 나의 성격상 '듣는 것'을 좋아하기도 하고 더 잘하기도 하므로 사람들은 늘 나에게 이야기하고 싶어 한다. 자연스럽게 사람들이랑 가벼운 티타임을 하다 보면 이것저것을 묻게 되고 듣게 되면 나는 그 사람의 강점을 본능적으로 파악하게 된다.

강점 기반 심리학의 아버지 도널드 클리프턴은 1998년 강점을 발견하는 지표인 스트렝스 파인더(Strength Finder)의 초기 버전과 34가지 재능 테마를 개발했다. 2017년 갤럽은 그를 기념하기 위해 강점 진단 프로그램의 명칭을 '클리프턴 스트렝스(Clipton Strength)'라 변경했다. 클리프턴 박사가 40년간 연구 결과를 토대로 만든 '클리프턴 스트렝스'는 개개인의 강점을 Strength Finder로 진단하여 34가지 재능 테마를 파악할 수 있다. 전 세계적으로 수백만 명이 이용하고 있다. 자신의 Top 5 강점과 34가지 테마 강점을 순서대로 확인할 수 있는데, 자신의 Top 5 강점만 잘 알고 활용하더라도 업무나 인생에서 커다란 성장을 가져올 수 있고, 조직에서 함께 학습한다면 커다란 시너지를 불러일으킬 수 있다.

클리프턴 스트렝스로 알아낸 나의 강점 중 Top 5 중 1번은 개별화(Individualization)이며, 2번은 전략(Strategic)이고, 3번은 미래지향(Futuristic)이다. 1번 특징인 개별화(Individualization)는 개개인이 다른 특징을 지녔음을 인지하고, 그 개인의 특징을 잘 선별해 내는 탤런트를 가졌다는 것을 의미한다. 그래서 나는 일대일 코칭이나 기업의 브랜딩 쟁점이 되는 문제들을 개별적으로 잘 살피고 그 문제를 해결하는 데 있어 남다른 재능을 가지게 되었다.

사람들의 이야기를 듣다 보면, 그 사람의 특장점이 보이고, 그 사람이 할 수 있는 여러 가지 일들의 청사진이 그려진다. 그런 재능들을 통해 개인별 책 쓰기 코칭을 하고, 그 사람에게 꼭 맞는 책을 기획하여 북 프로듀싱을 진행한다. 다른 책 쓰기 코치들과의 나와 다른 점은 '쓰기'를 시작하기 전에 충분한 대화를 나눈다는 것이다. '쓰기'를 통해서 어떤 인생의 기회들을 만들어 갈 수 있는지에 대해 충분히 얘기를 나누고, 그 사람이 가고자 하는 방향에 맞추어 작가로서의 퍼스널브랜딩을 설계한다.

내가 책 쓰기를 가르쳤던 분 중에 공대를 졸업한 분이 있었다. 대학 시절 호주에서 워킹홀리데이로 외국어 공부법을 익힌 후, 프랑스어를 배우고자 프랑스에 가서 6개월 만에 DELF 자격증을 따신 분이었다. 이분은 사실 나의 프랑스어 선생님이었다. 가벼운 티타임을 하면서 프랑스어 이야기를 재미있게 하다가 내가 어떻게 해야 프랑스어 공부를 잘할 수 있는지 물었다. 선생님의 프랑스어 공부했던 이야기를 듣다 보니 너무 좋은 스토리였다. 그래서 나는 프랑스어 선생님께 '책을 써보시면 좋겠다'라고 이야기했고, 적극적이었던 나의 프랑스어 선생님은 나에게 책 쓰기 코칭을 받게 되었다.

책 쓰기를 하기 전에 나는 프랑스어 선생님께 프랑스어를 통해서 할 수 있는 다양한 기회들을 쭉 브리핑해 드렸다. 책을 쓰는 데 있어 충분한 동기부여가 되고, 새로운 기회의 문을 열 수 있는 방법들을 비즈니스 모델로 만들어 이야기해 드렸다.

나의 프랑스어 선생님은 그 당시 스타트업이나 비즈니스에 관심도가 높은 분이 아니었다.

책 쓰기를 시작하기에 앞서, 프랑스어와 프랑스 문화를 활용한 교육·문화 사업에 어떤 비즈니스 모델이 숨겨져 있는지 청사진을 펼쳐 보여드렸다. 그 안에 어떤 기회의 문들이 있으며, 그 문들을 어떻게 열어 나갈 수 있는지에 대해 설명해 드렸다.

6개월 남짓 열심히 집필하여 프랑스어 선생님의 경험이 담긴 책은 『6개월 만에 교포로 오해 받은 평범한 공대생의 프랑스어 정복기』라는 제목으로 1쇄가 나왔고, 2쇄는 『나는 프랑스어로 행복한 인생을 배웠다』로 출간되었다. 그 당시 유명하지 않았던 나의 프랑스어 선생님은 온라인에서 유명해지셨고, 어학 플랫폼의 광고를 통해 만날 수 있는 대표 강사로 등장하는 프랑스어 강사가 되었다. 유튜브 채널을 통해 구독자와 커뮤니티를 조성하고, 팬덤이 생겨나기 시작했으며 온라인 강의도 시작했다. 그리고 꾸준히 강의를 통해서 프랑스어와 프랑스 문화를 같이 전하는 프랑스 문화 전도사가 되었다. 반년에 한 번씩 프랑스를 다녀오시곤 하는데, 지난해에는 프랑스에서 와인 소믈리에 자격증까지 취득했다. 지금은 프랑스어와 프랑스 문화를 가르치며 한국인과 외국인의 프랑스어 커뮤니티를 만들어 운영하고 계신다. 자신이 가장 좋아하는 일로 업의 확장을 이루며 덕업일치 성장을 견인하는 모습이 너무도 멋있다. 책 한 권을 씀으로써 만들어 내는 이런 기회는 프랑스어 선생님이 책을 썼기 때문에 찾아왔다. 나라는 사람을 출간된 책으로 세상에 증명했기 때문에 나를 세상에 제대로 알릴 기회가 생긴 것이다. 아주 자연스럽고 믿음직하게.

나 역시도 직장인이었던 시절에 책을 쓰기 시작하여 10년여의 경험을 모아 『어떻게 나를 차별화할 것인가』를 책으로 썼다. 책을 쓰고 난 후 기업의 홍보실에서만 알던 프로페셔널한 전문가이던 나는 외부에서도 알아주는 브랜딩 전문가가 되었다. 대외적인 스타트업 브랜딩 심사를 많이 다니게 되었고, 스타트업의 브랜딩 멘토가 되었으며, 자주 CEO들의 모임 자리에 브랜딩 강연을 하게 되었다. 그리고 큰 강연 무대들에 설 일들이 많이 생겼다. 네이버에 이름을 치면 나란 사람을 알게 하는 작가, 강연가, 브랜딩 멘토, 사업가, 책 쓰기 코치라는 새로운 포지셔닝이 생겼다.

스터디 모임의 멤버이자 호주에서 막 입국했던 사업가분은 20년 넘도록 호주에서만 생활해 한국에는 제대로 된 비즈니스 인맥이 부재했었다. 나는 그때 한국에서의 비즈니스 인맥에 신뢰를 더하기 위해서는 책을 쓰시는 게 좋겠다고 권해드렸고, 책을 쓰실 수 있게 책 쓰기 코칭을 해드렸다. 작가님은 포기하지 않고 1년여간 노력으로『아이템은 어떻게 비즈니스가 되는가』라는 책을 세상에 펴냈고, 그 이후 호주에서 다년간의 사업 경험에 '저자'라는 믿을 수 있는 신뢰가 단단해졌다. 한 권의 저서를 통해 한국에서도 다양한 비즈니스를 하실 수 있는 발판이 마련된 것이다.

내가 브랜딩 멘토를 진행하던 멘티 중에 아프리카에서 뷰티 비즈니스를 열심히 하고 계신 대표님이 있었다. 브랜드 멘토링을 진행하면서 비즈니스의 태동에 관해 질문하고 이야기를 쭉 듣다 보니, 아프리카에서 '뷰티 비즈니스'를 한다는 것 자체가 너무 신박하고 새로웠다. 나는 멘토링이 끝나는 시점에 대표님께 책을 써보실 것을 제안했다. 그리고 대표님은 실행력이 좋은 분이라 바로 책 쓰기를 시작했다. 혼자서 고군분투하며 쓰다가 포기하고, 책 쓰기가 너무 어렵다며 다시 나를 찾아오셨다. 그 이후 나와 같이 책을 기획하고, 목차를 잡고, 집필을 진행하고 같이 러닝메이트처럼 달려서 그간의 경험을 담은 멋진 책이 출간되었다. 작가님은 집필이 끝나 책이 나올 시점에 TV 프로그램 〈인간극장〉 5부작에 주인공으로 출연하였다.『아프리카에서 화장품 파는 여자』책이 나온 후에는 아프리카 대사관 행사마다 뷰티 비즈니스 대표로 초청될 정도로 아프리카 뷰티 비즈니스의 대표 주자가 되었다.

　같은 건물에서 일하며 모임에서 친해졌던 외국계 회사 IT 마케터 지인이 있었다. 나의 지인은 싱가포르에서 마케터로 일하고 있다가 귀국해서 글로벌 회사의 IT마케터로 일을 하고 있었다.

　내가 싱가포르를 좋아하고 여러 번 다녀와서 같이 식사하면서 싱가포르 이야기들을 자주 나누었다. 그녀가 싱가포르에서 체류하며 겪었던 회사 이야기를 하면 내가 이것저것 질문을 했었는데, 자신의 블로그에 싱가포르 재직 시절의 이야기를 써놓은 것을 비공개로 가지고 있다는 이야기까지 들을 수 있었다. 나는 그녀의 이야기를 들으며, 책을 출간해 보라는 이야기를 자주 해주었다. 어느 날 그걸 잊지 않고 기억했던 그녀는 그 이듬해 출간한 책『더 로컬 현지인』을 들고 나를 찾아왔었다. 내 덕분에 책을 쓸 수 있었다고 말하며 활짝 웃던 그녀의 얼굴이 아직도 생생하다. 이 얼마나 멋진 일인가.

이제 관점을 바꾸어 나를 새롭게 들여다보자. 타인의 시선에서 객관적으로 당신의 삶을 다시 바라보자. 나의 삶에 대한 지극한 당연함을 가지고 살아왔기 때문에 자신이 살아온 인생 여정에 대해 전혀 호기심이 생기지 않는다. 왜? 내가 살아온 시간은 너무 당연한 나의 인생이기 때문이다.

내 이름으로 된 책이 출간되게 되면, 자신이 몰랐던 삶의 새로운 문을 열어주는 기회들이 눈앞에 나타나게 된다. 내가 해 온 경험이 '책'이라는 신뢰의 도구를 얻어 타게 되면 이전에는 경험해 보지 못했던 다른 세계로 나를 데려가는 골든 티켓을 얻을 수 있다. 램프의 요정 지니가 내 인생에 나타나는 경험을 해볼 수 있다.

읽는 것은 내면을 살찌울 수 있지만 새로운 기회를 만들어 주기엔 힘이 미약하다. 독서는 주로 혼자 하는 활동이기 때문이다. 그러나 책을 쓴다면, 그건 세상 밖으로 나를 꺼내 놓아 더 큰 기회와 수많은 사람을 만나게 해주는 동아줄이 된다.

수없이 책을 많이 읽었던 저자들은 읽어서 유명해진 것이 아니라, 독서를 많이 했다는 것을 글로 쓰고 책을 출간했기

우선 쓰고, 인생 작가가 됩니다

때문에 유명해졌다.

지금 바로 쓰기를 시작하자. 쓰는 것만이 나를 더 넓은 세상으로 데려다줄 수 있다.

자신의 꿈을
책에 담다

어려서부터 책을 좋아해서 꾸준히 읽어온 사람들은 '작가'가 되고 싶다는 로망이 늘 있다. 나 역시도 책을 좋아하고 그림을 좋아하다 보니 할머니가 되어서도 작가를 할 수 있는 타샤 튜더 같은 '동화 작가'가 되고 싶다는 꿈을 가지게 되었다. 아이들이 유치원을 다니면서부터 시간이 좀 생겨나기 시작하자 자연스럽게 '작가'가 되는 방법을 찾게 되었다.

외동딸이라 혼자 자란 나에게 '책'은 가장 좋은 친구였다. 책을 읽기도 하고, 블록처럼 쌓아서 놀기도 하고, 그림책을 보면서 따라 그리기도 하는 등 책은 나에게 다양한 장난감이었다.

어려서부터 이야기를 좋아해서 피아노 학원에 가서도 학

우선 쓰고, 인생 작가가 됩니다

원에 있는 전래 동화 전집에 꽂혀서 1권부터 끝까지 다 읽는 걸 좋아했다. 재미있는 책을 붙잡으면 그 책이 끝날 때까지 다른 것들을 하지 않았다. 중학생 시절에는 소설을 읽기 시작하면 잠이 올 때까지 책만 읽다 새벽이 다 돼서 잠드는 일도 허다했다. 대학에 가서는 웬걸 '신나는 방학'이 있었고, 심지어 그 방학이 길었다. 그래서 방학 때마다 장편을 꾸준히 읽었다.

장편은 흐름이 한번 끊기면 주인공들과 주변 인물들, 상황, 에피소드들이 뒤엉켜서 다시 이어 나가기가 쉽지 않기 때문에 흐름을 끊지 않고 읽는 것이 중요했다. 그래서 읽고 싶은 장편은 학기 중에 메모해 두고 챙겨두었다가 무조건 방학에 몰아 읽었다. 『토지』 스무 권, 『혼불』 열 권, 『태백산맥』 열 권, 『아리랑』 열두 권, 『삼국지』 열 권 등등 다양한 대작 장편들을 방학에 몰아 읽었다. 대학 시절에 읽었던 한국 문학의 대작들은 나에게 한국 문학의 정수를 느끼게 해주었다. 한국 문학의 서사와 한국어의 아름다움에 흠뻑 취해볼 수 있었던 대학 시절은 나에게 가장 아름다운 시절이었다.

나는 읽는 것을 좋아했고 읽다 보니 쓰고 싶어서 어려서부터 쓰는 것을 좋아했다. 일기를 쓰고 친구에게 편지를 써서 마음을 전하고 군대에 간 친구들에게 제대할 때까지 편지를 써주고 하는 일들은 나에게 즐거움을 주는 일이었다. 브랜딩 에이전시에 입사한 후로는 전략 기획서를 쓰고, 브랜드 네이밍을 개발하고, 브랜딩 스토리를 쓰게 되면서 기업의 홍보 기사를 쓰는 것까지 한 호흡으로 자연스럽게 할 수 있었다.

그렇게 10년 이상 경력을 확장하다 보니 책을 쓰고 싶다는 욕망이 꿈틀거렸다. 나의 꿈을 이루기 위한 발자국을 내딛는 길에 '작가'가 있었다. 정말 쉽지 않은 3~4개의 직업을 한 번에 해야 할 때에도 나는 포기하지 않고 글을 쓰고 글을 고쳤다. 평일에는 숨 막히는 CEO 보고를 자주 해야 하는 브랜딩 에이전시 직장을 다니고 있었다. 주말에는 아이들 아빠가 벌여놓은 일들을 수습하러 양평에 가서 옷 가게를 해야 했었다. 아이 둘은 유아라 아직 어려서 손이 많이 가는 시기였다. 프로페셔널 직장인으로 저녁에는 책 쓰기 수업을 들으며 책 쓰기를 위해 달렸다. 평일에는 워킹맘으로 일하고, 주말에는 매장 판매 사원으로 뛰면서 하루도 제대로 쉬어본 날이 없었다. 이렇게 바쁜 와중에도 책을 내고 싶은 나의 마음은 너무나도 간절했고, 이 책을 내야만이 또 다른 세

우선 쓰고, 인생 작가가 됩니다

상이 열릴 거라는 막연한 기대가 나를 쉼 없이 움직이게 했다. 이걸 내가 반드시 해내야만 이런 상황이 끝날 거 같다는 그런 확신이 생겼다. 이런 노력 끝에 세상에 나온 결과물이 『어떻게 나를 차별화할 것인가』라는 저서였다.

이렇게 어려운 상황을 버티어내며 책을 열심히 써본 경험을 가지게 되니, 자연스럽게 누군가의 꿈을 돕는 드림헬퍼가 되었다. 나는 책 쓰기 코치가 되어 그들의 꿈인 작가가 될 수 있도록 책 쓰기를 돕는 사람이 되었다.

어느 해 겨울 스타트업 강연을 하면서 알게 되었던 사회적기업의 대표님께서 전화를 주셨다.

자신의 회사에서 일하는 직원분 중에 책을 쓰고 싶어 하는 분이 있는데 한번 만나주실 수 있는지를 물으셨고 탈북민이라는 이야기도 하셨다.

알고 보니 탈북한 지 1년도 되지 않아 첫 번째로 취업했던 기업에서 책을 쓰고 싶어 하던 탈북민의 소원을 알게 된 대표님께서 나에게 연락을 주신 것이었다.

나는 그전까지 탈북민과 생활해 본 적이 없었기 때문에 살짝 당황했으나, 한국에서 살고 계신 분이니 그 어떤 편견도 가지지 않고 그분을 만났다. 그분의 이야기를 듣다 보니 이건 책으로 꼭 써야 하는 값진 이야기였고 나아가 영화화되면 더 좋겠다는 생각이 들었다.

그래서 그분과 함께 책의 내용을 기획하고, 책의 목차와 제목을 정하고, 책 쓰기를 함께 해 나갔다. 책의 내용을 가이드해 드리면, 정해진 분량의 숙제를 써 오셨다. 다시 만나서 리뷰를 해드리고, 고쳐드리고 하면서 분량을 끊어나가며 책을 완성할 수 있도록 도왔다.

초고 완성은 내가 가르친 그 어떤 수강생보다도 빨랐다. 간절함의 크기가 달라서였는지 빛의 속도로 초고를 완성하셔서 무척 칭찬해 드렸던 기억이 난다. 퇴고를 수차례 같이 하면서 책을 완성할 수 있도록 도왔다.

『19년』 저서가 출간되어 황선희 작가님의 출판 기념회를 하던 날은 눈물이 핑 돌고 울컥했다. 작가님이 집필에서 출간까지 무사히 마치신 것을 보니 내 마음이 너무 벅차고 가슴이 먹먹해졌다. 황선희 작가님의 『19년』 출판 기념회는 마음에서 꽉 차오르는 충만한 기쁨으로 정말 행복한 날이었다. 이 아름다운 감동의 순간을 오롯이 함께할 수 있어서 너무 뿌듯했다. 이날은 내 인생에 손꼽히는 아름다운 날이 되었다.

탈북한 이후, 19년 동안 힘겹게 돌고 돌아 한국의 품으로 들어오기까지 그녀에게는 너무도 긴 시간이었다. 북한에서 탈출하고 중국에서 겪었던 모진 세월과 고생을 이겨내며 자유의 대한민국 품으로 안긴 한 여성의 이야기는 정말 눈물 없이는 들을 수 없는 자유를 향한 갈망이자 가족을 향한 사랑이었다.

어려서부터 교사의 꿈을 가진 분이 있었다. 밝고 환하고 긍정적이던 한 소녀는 고등학교 때 시작된 원인 모를 두통으로 몇십 년간 고통을 참아내야 하는 환자가 되었다. 수십 년간 앓았던 두통은 뇌종양 수술을 하게 했고, 갑상선과 망막 손상으로 인한 시력 저하 등 다양한 병마와 합병증을 불러왔다. 그럼에도 교사의 꿈을 절대 포기하지 않았고, 끝까지 자신의 꿈을 놓지 않았다. 고등학교 4년 반, 8년 가까운 대학 생활을 거쳐 임용고시에 네 번 도전해 교사가 되었다. 오랜 환자 생활을 지켜준 남편과 결혼 초에 사별한 아픔을 짊어지고도 아이들에게 사랑을 나누어주는 설리번 같은 교사가 되었다. 이제는 아이들에게 행복을 주는 교사이자 감사 습관을 생활에서 실천하게 해서 더욱더 좋은 사람으로 성장할 수 있는 멘토이자 스승이 되었다. 주위에서 작은 에피소드 하나를 듣는 사람마다 꼭 책을 써보라고 권유를 많이 받아왔던 선생님은 나와 함께 책 쓰기 수업을 마치고 첫 책을 출간하였다. 꽃피고 설레는 봄날에 『매일, 새로운 날들이 시작됩니다』 저서가 출간되었다.

책으로 읽지 않는다면 우리는 절대 이런 분들을 만날 수 없다.

멈추어 서서 나의 인생을 돌아봤을 때, 내가 책을 쓰고 싶다면 지금 그 무엇이라도 시작하자. 책 쓰기를 하고 싶다면 책 쓰는 방법은 어디서든 찾을 수 있다. 온라인 플랫폼에도, 오프라인 강의에도, 도서관에만 가도 책 쓰기에 관해 배울 수 있는 길들은 많다. 단지 조금 더 시간을 많이 들여서 천천히 혼자 해 나갈 것인지, 비결을 배워 시간을 아껴 빠르게 책을 쓰고 확장된 비전을 찾아나갈 것인지는 선택의 문제다.

책 쓰기는 망설이는 순간 자신의 인생에서 점점 더 멀어진다. 책을 쓰고 싶다면, 한 스푼만큼 용기를 내어 도전하자.

거침없이 당당하게.

유명한 유튜버인데
굳이 책을 쓴다고

    유튜버로 유명해지기 위해서는 구독자와 공감을 나누는 콘텐츠가 일정 숫자 이상으로 쌓여야 하고, 좋은 콘텐츠를 제작하기 위한 정성과 노력도 필요하다. 1가지 주제나 테마를 통해 유튜브로 꾸준히 독자들과 소통하며 자신의 카테고리를 만들어 나가는 노력이 필수다.

    유튜버로 충분히 유명함에도 불구하고 유튜버로 유명세를 얻게 된 사람들은 누구나 다 책을 집필하게 된다. 그 이유는 무엇일까? 자신의 채널을 통해 소통할 구독자가 있고, 내 팬이 충분히 만들어졌음에도 '책'이 반드시 수반되는 이유가 있다.

    유튜버가 어느 정도 팬덤을 구축하고도 반드시 책을 집필하게 되는 것은 자신만의 퍼스널브랜딩을 강화하고 전문성을 구축하기 위해서다. 자신의 브랜드 가치를 높이기 위해서는 자신만의 스토리 구축이 필요하고, 이를 전파시킬 통로가 필요하다. 유튜브에 쌓아 올린 콘텐츠가 많더라도 구독자들 모두가 그 콘텐츠들을 처음부터 끝까지 다 볼 수는 없다.

책은 읽기 시작하면 그 사람에 관한 이야기들을 기억하고 떠올리면서 책을 읽는다. 유튜버는 책 출간을 함으로써 자신의 브랜드 가치를 더 높이고 자신만의 지식과 경험을 더 체계적이고 견고하게 전달할 수 있다. 해당 분야의 전문가로 자리매김하고 싶다면, 유튜버로만 머무는 것이 아니라 내 분야에 관한 책을 꼭 내야만 공신력을 얻을 수 있다. 지금은 유튜버로 유명해지더라도 집필한 저서가 같이 있어야만 유튜버의 신뢰도와 영향력을 더 크게 펼칠 수 있는 시대가 되었다.

유튜버가 확장 비즈니스로 교육 사업을 준비하는 경우라면 더욱 자신의 스토리를 가지고 있어야 한다. 만약 유튜버에게 저서가 있다면 강연이나 세미나 활동이 자연스럽게 이루어지고 강연에 초청될 확률이 높아진다. 저서가 있다면 온라인뿐 아니라 오프라인에서도 활동 영역을 충분히 넓혀갈 수 있다. 저서 홍보를 통해 다양한 인터뷰나 방송 매체에 출연하면서 더 많은 대중에게 노출될 수 있고 새로운 팬층을 확보할 수 있으며, 연관된 브랜드들과 협업도 충분히 가능하다. 자신의 이름을 걸고 하는 교육 프로그램을 개발할 때는 유튜브를 통해 홍보할 수 있으나, 책을 통해야만 깊이 있는 지식 전달이 가능하며 커뮤니티 형성에 더 유리하다.

고정관념을 깨는 사고방식으로 유명해진 '자청'도 『역행자』라는 책을 통해 자기 계발 분야의 유명인이 되었다. 스마트스토어를 성장시키는 유튜브를 통해 유명해진 신사임당 역시 『킵고잉』, 『슈퍼노멀』, 『혹시, 돈 얘기해도 될까요?』라는 책들을 지속적으로 출간해 자신만의 고유한 포지셔닝을 구축했다.

유튜브에서 '막례쓰'로 유명해진 시니어 유튜버 대표 주자 박막례 할머니도 『박막례, 이대로 죽을 순 없다』라는 책을 출간하였으며, 패션과 라이프스타일로 유명한 밀라논나 역시 『햇빛은 찬란하고 인생은 귀하니까요: 밀라논나 이야기』와 『오롯이 내 인생이잖아요』라는 책을 출간했다.

150만이 넘는 구독자를 가진 국내 최대 과학 채널 사물궁

이(사소해서 물어보지 못했지만 궁금했던 이야기)는 유튜브에 올렸던 콘텐츠들을 바탕으로 『사소해서 물어보지 못했지만 궁금했던 이야기 1~4』를 시작으로 시리즈물을 기획하여 『사소해서 물어보지 못했지만 궁금했던 이야기 역사 1~3』까지 다방면의 저서를 출간했다.

드로우앤드류 역시 『럭키 드로우』를 통해 퍼스널브랜딩을 강조하며 유튜브에서 쌓은 팬덤을 바탕으로 퍼스널브랜딩 강의를 시작했다.

『마흔의 돈 공부』, 『그냥 오는 돈은 없다』를 통해 유명해진 재테크 부동산 전문가 단희TV의 단희쌤도 유튜버로 유명해진 다음에 책을 썼다.

연애 유튜버로 유명한 연애 컨설턴트들 역시 모두 남녀관계와 연애에 대한 자신의 철학과 메시지를 담은 책을 가지고 있다. 연애 유튜버 김달 작가는 『사랑에 관한 거의 모든 기술』, 『사랑은 그렇게 하는 것이 아니다』, 『사랑한다고 상처를 허락하지 말 것』, 『헤맨다고 모두 길을 잃는 것은 아니다』 네 권의 저서를 출간하고도 1년에 한 권씩 집필하고 있다.

우선 쓰고, 인생 작가가 됩니다

연애 유튜버 석구리(강석빈 작가) 역시 『아픈 사랑의 이유를 너에게서 찾지 마라』, 『다칠 때는 멋지게 아플 때는 당당하게』를 출간했고, 연예 유튜버 김유신도 『더 성숙한 내가 되는 법』을 집필하여 진심을 담은 자신만의 분야를 공고히 해 나가고 있다.

40대 이상의 유튜버일수록 자신만의 새로운 인생을 디자인하고 시스템을 구축하기 위해서는 유튜브와 함께 자신만의 저서 집필이 필수다. 유튜브 메인 주제를 책으로 쓰면 더 많은 구독자를 늘리며 자신만의 스토리를 더 탄탄하게 신뢰감을 담아 전달할 수 있다. 온라인 교육 프로그램을 구축하여 자신만의 새로운 영역을 충분히 창출할 수 있다. 컨설팅이나 일대일 상담을 통해 수익화 비즈니스 모델로 빌드업할 수도 있다.

유튜브를 보는 데 그치지 말고, 유튜브에서 새로운 기회를 찾고자 한다면 반드시 책을 써서 유튜브와 함께 시너지를 일으켜 보자. 우리는 역으로 책 쓰기부터 시작해서 전문성을 바탕으로 채널을 구축하고 그 위에 견고한 나만의 콘텐츠 성을 쌓아나가면 된다. 우리보다 앞서 시작한 롤모델이 많으니, 끝을 보고 먼저 시작하자.

'작가'라는 타이틀이 가지는 영향력은 당신이 생각하는 것보다 훨씬 더 크고 깊다. 작가가 되어 찾아오는 인생의 수많은 기회를 상상하며 가슴 설레보자. 내가 해냈고, 내가 가르치는 수강생들 모두 해냈으니, 누구나 할 수 있다.

인생에서 한 번쯤은 성큼성큼 앞으로 걸어 나가는 용기를 내보자.

세상이 인정하는
전문가가 되다

어느 날 혜성처럼 갑자기 나타나는 전문가들이 있다. 그동안 어디 있었을까 싶은 사람들이 매스컴에서 주목받게 되면서 그들의 유명세가 바뀌게 된다. 그들은 원래 현업에서 자기 일을 열심히 그리고 잘하던 사람들이었다. 그렇지만 세상에 제대로 드러나지 않았던 사람들이었다.

나 역시 내 현업에서 열심히 일하고 일을 잘하는 사람이었지만 그 누구도 나를 알지 못했고, 비즈니스 현장에서만 빛나는 사람이었다. 10여 년의 경험을 책으로 정리해서 출간된 이후, 나를 전문가로 인정해 주는 사람들과 기관들이 많이 생겨서 브랜딩 심사 혹은 브랜딩 멘토로 일하게 되었다. 나는 책을 쓰기 전까지 내가 하는 일을 사랑했고, 내가 현업에서 하는 일들이 나에게는 지극히 당연한 일이었기 때문에 그 일들이 대중적으로 관심받을 일인지에 대해서는 전혀 알지 못했다. 나에게 책을 쓴 후 펼쳐진 세상은 내가 책을 쓰기 전까지는 전혀 알 수 없었던 그런 세상이었다.

국내에서 2008년 『4시간』이란 제목으로 출간된 팀 페리스의 책은 큰 인기를 끌었는데, 8시간을 일하고도 야근이 일상인 우리나라에서 일과 삶에 대한 고정관념을 깨는 혁신적인 이야기들은 충격에 가까웠다.

미국에서 2007년 출간된 『나는 4시간만 일한다』(미국 초판 제목: The 4-Hour Workweek)로 일약 스타덤에 오른 저자 '팀 페리스'는 시간과 수입을 분리하고, 수익을 자동화시키는 시스템을 구축했다. 자신이 원하는 장소에서 4시간을 일하며, 세계여행을 하고, 버킷리스트를 실현하는 등 스스로 원하는 삶을 디자인하며 살아가고 있다. 이 책이 출간되었을 때, 뉴욕타임스, 월스트리트저널, 비즈니스 위크 등 다양한 미디어에서 호평받았다. 한 평론가는 '디지털 시대의 인디애나 존스'라 부를 정도로 그의 파격적인 라이프스타일과 사업 방식은 주목받았다. 생산성 향상을 위한 실용적인 이야기들이 가득한 그의 저서는 40개국 이상의 언어로 번역되어 세계적 베스트셀러가 되었고, 팀 페리스를 유명하게 만들었다. 이 책은 2017년 개정판 출간 등을 거쳐 국내에서도 꾸준히 읽히는 스테디셀러다.

그 후 팀 페리스는 2010년 건강과 피트니스 사업에 도전하며 두 번째 저서 『The 4-Hour Body』를 출간했고, 2012년에는 요리 분야로도 확장하여 『The 4-Hour Chef』를 출간했다.

그는 비즈니스로 번 돈을 투자하여 우버·페이스북·트위터·쇼피파이·듀오링고 등 여러 기술 스타트업에 초기 단계 투자자이자 자문으로도 참여하였다.

다양한 분야로 자신의 업역을 확장한 팀 페리스는 2014년부터 '팀 페리스 쇼(The Tim Ferriss Show)' 팟캐스트 시작해 성공한 인물들과의 인터뷰로 청중들과 폭넓은 소통을 진행했다. 그 결과물로 2016년 (국내 2017년) 『타이탄의 도구들(Tools of Titans)』을 출간하여 다양한 전문가들의 지혜를 집대성해 일약 베스트셀러에 올랐다. 그 이듬해 (미국 2017년)에는 세계 최고 멘토들의 지혜를 모은 조언을 집대성하여 국내에서는 『지금 하지 않으면 언제 하겠는가 (Tribe of Mentors)』라는 책을 2018년에 출간하여 자신의 영향력을 더욱 공고히 했다.

팀 페리스는 첫 저서의 집필로부터 시작된 흐름을 자신의 팟캐스트 쇼까지 이어가며, 여러 차례 비즈니스 팟캐스트 1위에 오르는 쾌거를 이룩했다. 2024년에는 누적 다운로드 10억 회 이상의 다운로드를 이룩해내며 비즈니스와 자기계발 분야에서 세계적인 영향력을 구축해 자신만의 견고한 성을 쌓았다.

4시간만 일하는 혁신적 라이프스타일로 일과 삶의 고정관념을 깬 팀 페리스가 있다면, 지식 기업가들에게 경험과 지식을 통해 성장하는 방법을 제시한 브렌든 버처드에 관한 이야기를 빼놓을 수 없다.

동기부여 전문가이자 국내에서 지식 기업가로 일하는 사람들에게 큰 영향을 미친 작가 브렌든 버처드는 대중적으로 알려진 사람은 아니다. 하지만 1인 기업을 시작하려 하거나, 지식 비즈니스로 자신의 삶을 개척하고자 하는 사람들에게 그는 큰 영향력을 미치는 작가다.

2011년 출간한 『메신저가 되라(Millionaire Messenger)』는 경험과 지식을 메시지로 만들어 다른 이들에게 전하며 성장하는 사람들을 '메신저'라 칭했다. 그의 저서에서

우선 쓰고, 인생 작가가 됩니다

는 자신의 경험을 메시지로 만들어 파는 법부터 자신의 경험을 나누기 위한 단계별 성장 전략을 통해 세상을 위한 큰 가치를 만들어 내는 백만장자 메신저가 되는 법을 알려주고 있다.

국내에서는 초판은 절판되었고, 『백만장자 메신저(Millionaire Messenger)』라는 제목으로 다시 재출간되었다.

"조직에 몸담지 않아도 된다. 대단히 뛰어나지 않아도 된다. 모든 것을 잘할 필요도 없다. 하찮게 생각했던 당신의 경험, 당신의 이야기, 당신의 메시지는 수많은 사람이 목말라하는 가치다. 당신의 이야기는 당신이 생각하는 것보다 훨씬 더 어마어마한 가치를 갖고 있다. 당신은 수백만 명의 사람들에게 메시지를 전달할 수 있고, 그 대가로 수백만 달러를 벌 수 있다. 나 자신이 이를 증명해 왔고, 내가 가르친 사람들도 그러했다."

브렌든 버처드의 책 『메신저가 되라』에 담긴 메시지는 1인 기업가의 바이블이 될 정도로 대단한 영향력을 가지고 있으며, 오프라 윈프리 네트워크(OWN)의 'Super Soul 100'의 멤버로도 선정되었다.

그는 자신이 가진 자산만으로 영향력을 키우며 큰 가치를 만들어 내는 법을 실전 전략으로 제시했다. 그렇기에, 이 책은 자신의 경험을 비즈니스화하려는 사람들에게 가장 강력한 동기부여 실전서이자 창업 가이드가 되었다.

소셜 미디어로 유명한 전문가 게리 바이너척의 이야기도 해보자. 소련(현재 벨라루스)에서 미국으로 이민을 왔던 그는 대학 졸업 후 아버지의 주류 가게(Shopper's Discount Liquors)를 인수해 'Wine Library'로 이름을 바꾸는 리브랜딩을 진행했다. 그리고 2006년부터 붐이었던 웹캐스트를 시작해 연간 약 300만 달러(약 30억 원)에서 약 6,000만 달러(약 600억 원)로 Wine Library의 매출을 상승시키는 호재를 만들어 내 Wine Library를 동네 가게에서 미국 전역에 알려진 대형 온라인 유통 브랜드로 탈바꿈시켰다. 이 경험을 담아 2009년 게리 바이너척은 『크러쉬 잇!(Crush it!)』이라는 책을 출간해서 뉴욕타임스 베스트셀러가 되었다.

이후 Wine Library TV는 와인 리뷰쇼를 넘어서 게리 바이너척의 커리어에 큰 영향을 미쳤다. 지속적으로 소셜 미디어를 비즈니스에 활용하는 방법들이 담긴 책을 출간해 오던 그는 와인 판매점 사장에서 디지털 마케팅 전문가이자

연쇄 창업가로 커리어를 피봇하였다.

게리 바이너척은 소셜미디어 중심 디지털 에이전시인 'VaynerMedia'를 설립하여 글로벌 광고, 마케팅 회사로 성장시켰으며, 성공한 기업가이자 투자자로 소셜미디어에서 가장 유명한 동기부여가가 되었다. 『부와 성공을 부르는 12가지 법칙』을 저술하여 끊임없이 대중과 소통해 온 그는 현재 수천만 명이 넘는 팔로워들을 보유하고 있는 비즈니스 인플루언서로 영향력 있는 전문가가 되었다.

이 모든 사람의 시작은 자신의 경험을 메시지로 전하는 저서가 있었기 때문에 가능한 것이었다. 자신의 경험과 전문성을 퍼스널브랜딩하여 영향력을 퍼트릴 수 있게 하려면 일단 쓰는 것이 먼저다.

자신의 이야기를 담아 집필한 저서로부터 모든 것들이 시작되었다.

저서는 혼자서도 충분히 저자의 날개가 되어 전국으로 혹은 세계로 뻗어 나갈 수 있게 돕는다.

시리즈로
내 영향력을 키우다

　책을 쓰고 싶은 마음에 첫 책을 어떻게든 출간했으나, 안타깝게도 저서의 전문성이 실질적 영향력으로 이어지지 않는 작가들이 많다. 작가로서 미래 행보를 미리 설계하지 못하고 출간하는 데만 급급했기 때문이다. 꾸준히 롱런하는 작가가 되려면, 자신의 활동 영역을 어떻게 펼쳐 나갈지 큰 그림을 그리는 과정이 반드시 필요하다.

　작가 중에 시리즈를 기획해서 그 분야의 독보적인 전문가로 당당하게 자리매김한 사람들이 있다. 첫 번째 저서를 집필한 이후 그 분야를 깊게 파고 싶다면, 1년에 1권씩 꾸준히 그 분야의 책을 지속적으로 출간하면 된다. 책을 출간할 때 작가가 미리 큰 그림을 가지고 그 분야의 독보적인 작가가 되겠다고 결심하고 첫 책을 시작하는 방법이다.

시리즈물 하면 빼놓을 수 없는 작가님이 있다. 나도 너무 좋아하는 작가님이기도 하고, 출간강연회가 열리면 열심히 찾아가 작가님의 말씀을 재미있게 경청하는 독자이자 팬이기도 하다.

한국 문화의 정수를 신선한 시각과 재밌는 입담으로 풀어내며 전국을 돌고 계신 유홍준 교수님은 미술사학자이자 문화재 전문가로 유명하다. 미술평론가 출신인 교수님은 박물관 관장이 된 이후 1985년부터 '한국문화유산답사회'를 이끌며 대중과 함께하는 문화유산답사를 시작했다. 1993년부터 출간된 『나의 문화유산답사기』 시리즈는 대중적 인지도를 쌓으며 그를 한국 문화재 전문가이자 영향력을 가진 작가 반열에 올려놓았다.

국내 대표 인문 교양서 시리즈이자 밀리언셀러인 『나의 문화유산답사기』의 저자 유홍준 교수님은 의미 있는 현장을 직접 답사하며 자신의 부채 등에 기록한 생생한 메모를 바탕으로, 독자에게 전하고 싶은 이야기들을 책으로 집필하셨다. 미술평론가, 교수, 박물관장, 문화재청장 등 다양한 역할을 수행하며 쌓아온 교수님의 전문성은 문화유산에 대한 대중적 관심을 다양한 매체에서 끌어내기에 충분했다. 또한 문화재청장 재임 시 문화재 정책에 직접 관여하며 큰 영향력을 미쳤다. 유홍준 작가님은 끊임없는 연구와 다각적 활동을 통해 한국 미술과 문화유산을 알기 쉽고 재미있게 풀어낸 저서들을 꾸준히 출간하고 있다.

『나의 문화유산답사기』 주요출간기록

▶ 전설의 시작

1993년: 남도답사 일번지

▶ 전국편 시리즈

1998~2015년: 돌하르방 어디 감수광 외(전국편) 7권

▶ 서울의 재발견 시리즈

2017~2022년: 사대문 안동네 / 강북과 강남 등 4권

▶ 해외편 시리즈

2013~2020년: 나의 문화유산답사기 일본편(규슈, 아스카, 교토 등 일본편) 5권

2019~2020년: 나의 문화유산답사기 중국편(돈황, 막고굴, 오아 시스 도시) 3권

▶ 『문화유산답사기』 외 시리즈
『유홍준의 한국미술사 강의』 시리즈 6권
『유홍준의 미를 보는 눈』 시리즈 3권
『국토박물관 순례』 시리즈 2권

내가 매년 수집하며 재밌게 읽고 있는 책 『라이프 트렌드』 는 김용섭 작가님께서 2013년부터 출간하기 시작한 책이 다. 벌써 12년째 매년 가을이면 『라이프 트렌드』를 기다리 는 것이 당연해진 나는 2013년부터 트렌드 시리즈를 한 권 한 권 모으고 있다. 현업에서 아주 도움이 되는 책이기도 하 고, 김용섭 작가님의 날카로운 통찰력에 감탄하며 늘 기다 리는 책이기도 하다. 김용섭 작가님은 'Trend Insight & Business Creativity'를 연구하는 '날카로운 상상력 연구소' 를 운영하며 트렌드 시리즈 이외에도 다양한 저작물들을 지 속적으로 저술하고 편찬하며 기업 강의를 하신다.

그의 저서들은 주로 트렌드 분석과 사회현상을 해석하는 비즈니스 전략을 다루기 때문에 기업을 운영하거나 마케팅

접점에 있는 사람들에게 큰 도움이 되는 인사이트들이 많다. 현대 사회를 살아감에 있어 과거에 있었던 트렌드를 조명하여 현재를 해석하고 앞으로의 일들을 예측하고 분석하는 데 초점을 맞추고 있다.

『라이프 트렌드』 시리즈

2026 라이프 트렌드 : 인간증명+경험사치

2025 라이프 트렌드 : 조용한 사람들

2024 라이프 트렌드 : 올드머니(Old Money)

2023 라이프 트렌드 : 과시적 비소비

2022 라이프 트렌드 : Better Normal Life

2021 라이프 트렌드 : Fight or Flight

2020 라이프 트렌드 : 느슨한 연대(Weak Ties)

2019 라이프 트렌드 : 젠더 뉴트럴(Gender Neutral)

2018 라이프 트렌드 : 아주 멋진 가짜(Classy Fake)

2017 라이프 트렌드 : 적당한 불편

2016 라이프 트렌드 : 그들의 은밀한 취향

2015 라이프 트렌드 : 가면을 쓴 사람들

2014 라이프 트렌드 : 그녀의 작은 사치

2013 라이프 트렌드 : 좀 놀아본 오빠들의 귀환

우선 쓰고, 인생 작가가 됩니다

촌천살인의 기지와 트렌드를 꿰뚫는 그의 통찰력은 현업에서 일하고 있는 사람들에게 지대한 영향력을 미쳤다. 그리고 항상 신간을 기다리는 독자에게 기대감을 형성했으며, 독자들과 탄탄한 신뢰 관계를 구축했다.

두 작가 모두 저술 활동을 통해 해당 분야에서 자신의 독보적 입지를 구축했으며, 대체 불가능한 전문성을 확보해 나갔다. 특히 꾸준한 시리즈 출간으로 대중적 인지도를 넓히며 전문가로서 영향력을 더욱 공고히 다졌다.

자신의 분야에 대해 깊은 통찰을 유지하며 꾸준히 저술 활동을 이어간다면, 10년 뒤에는 누구도 쉽게 흉내 낼 수 없는 독보적 입지를 다지게 된다. 퍼스널브랜딩은 고유한 전문성을 차별화하여 자신만의 입지를 견고히 하기 위해 노력하는 모든 과정을 의미한다. 잠시 잠깐 반짝 떴다가 사라지는 것은 전문성이라 부를 수 없다.

그러니, 지금부터 10년 이상을 생각하며 첫발을 떼보자.

3장

작가 되는
집필 실전 전략|↵

First, Write — Become the Author of Your Life

First, Write — Become the Author of Your Life

살아온 인생 경험 중
무엇을 쓸 것인가

'작가'란 한자어의 의미로 지을 작(作), 집 가(家) 즉 '집을 짓는 사람'을 말한다. 자기 생각으로 공간을 만들어 그 안에 자신의 이야기들을 채워나가는 사람들을 우리는 '작가'라고 말한다. 더 넓은 범주에서 이야기하자면 '작가'는 예술 작품을 통해 자신만의 세계를 창조해 내는 창조자들이라고 말할 수 있다.

다시 말하자면, 글을 쓰는 사람들은 자기 생각을 글로 표현하여 공간을 만들고 그 공간으로 독자들을 초대하는 사람이다.

누구나 다 버킷리스트를 작성할 때, 언젠가 한 번쯤 책을 내고 싶다고 생각해 본 적이 있을 것이다. 내가 경험이 쌓이면, 좀 더 살아보고 나서, 성공하면 등등 언젠가 책 쓰기를 하겠다는 위시리스트를 누구나 다 하나쯤은 가슴에 품고 산다.

그렇다면, 언젠가 할 것을 지금 당장 하면 더 행복하지 않을까?

인생의 단순한 법칙 중 하나는 '언젠가'라고 맘에 둔 생각을 바로 지금 바로 실행에 옮기는 것이다.

책 쓰기는 단순하게 말하면, '마음먹기'가 아니라, '선택하고 행동하기'다. 규칙을 정해놓고 써가면 되는 과학이고 습관의 영역이다.

그렇다면, 책 쓰기 주제나 콘셉트는 어떻게 정해야 할까?

책 쓰기 주제는 내가 살아온 인생 속에 답이 들어있다.

나는 책 쓰기를 하겠다고 마음먹고 나에게 온 수강생들에게 제일 먼저 하는 것이 그 사람의 이야기를 듣는 일이다. 그 사람과 이런저런 일상 이야기들서부터 깊이 있는 이야기들을 하면서 여러 가지 질문을 통해 그 사람을 알아간다. 그리고 대략적인 윤곽이 나오면, 수강생에게 숙제를 내준다. 제일 먼저 하는 과제는 자신의 인생 이야기를 써보는 것이

우선 쓰고, 인생 작가가 됩니다

다. 회사나 학교 등 어떤 목적을 가지고 자신의 매력을 보이는 글이 아니라 스스로 살아온 삶에 관한 이야기를 써보면 그 사람의 인생 이야기가 자연스럽게 드러난다.

살아온 나의 이야기를 쓰다 보면 그 어떤 부분도 특별하다고 생각되지 않을 수 있다. 하지만 책 쓰기 코치인 나의 관점에서 그 이야기를 세세하게 들여다보면, 그 안에 작가님이 나아가야 할 방향이 다 녹아있다. 나의 이야기 안에는 내가 특별하게 중요하게 생각하는 시기나 특정 시점이 확장되어 드러나게 마련이다.

책 쓰기 주제는 자신이 경험해 온 일부터 써 나가는 것이 가장 쉽다. 내가 경험한 일이기 때문에 더 생생하게 쓸 수 있고, 처음 책 쓰기를 하는 낯섦을 좀 더 누그러뜨릴 수 있기 때문이다. 물론, 가장 관심을 많이 가지고 있는 분야부터 시작해도 좋다. 관심 분야가 설상 자신이 잘 모르는 분야여도 상관없다. 공부나 연구를 해 나가면서 책을 써 나가는 방법도 있기 때문이다.

책 쓰기 주제는 자신의 경험, 현재 하는 일 혹은 관심 분야나 배움에서부터 시작하는 것이 보편적이다. 전혀 모르는 분야지만 요즘 관심이 가서 계속 정보를 모으고 있는 분야가 있다면 덕질서부터 책 쓰기를 시작해도 무방하다. 단, 내가 정말 좋아해서 지치지 않을 만큼의 열정을 가진 분야에서부터 시작해야 책 쓰기라는 지난한 과정을 잘 넘어갈 수 있다는 것을 기억하자.

이제 좀 더 자신만의 관심 분야의 키워드를 줄여나가는 일을 시작해 보자. A4 백지나 노트 한 권을 준비해서 쓸 준비를 해보자. 아래 여러 가지 질문의 예시를 보면서 대답을 직접 써보길 바란다.

첫 번째, 자신의 인생 경험 중 기억나는 것을 5가지 이상 써보자.

1

2

3

4

5

우선 쓰고, 인생 작가가 됩니다

두 번째, 최근 6개월 동안 자신이 가장 관심을 가지고 가장 많은 시간을 투자했던 것은 무엇인가? 1~2가지만 있어도 좋고 더 많아도 상관없다. 누가 보는 것이 아니기 때문에 가장 솔직하게 답할수록 자신의 내면에 더 가까이 다가갈 수 있다.

1

2

3

4

5

세 번째, 1번과 2번에서 질문에 답한 것 중에서 교집합에 들어가는 것들을 3가지 정도로 추려보자.

1

2

3

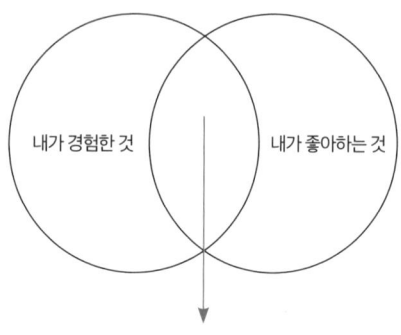

　　내가 경험한 것 중에 가장 기억에 남는 5가지와 내가 요즘 좋아하는 것 5가지를 써서 그 사이의 교집합을 찾아내 본다. 이 2가지 중 겹치는 것을 중심으로 주제를 정하면, 보다 쉽게 글을 시작할 수 있다. 지금 나의 관심사이면서 내가 경험했던 것의 일부이므로 책 쓰기를 시작할 때 좀 더 가볍게 써 나갈 수 있다. 첫 번째 책은 되도록 자신의 경험 안에서 시작하자. 책 쓰기도 어려운데 주제마저 어렵다면, 열 명 중의 여덟 명은 책 쓰기를 포기할 확률이 높아지기 때문이다.

네 번째, 세 번째에서 뽑은 3가지 키워드에 관련된 연관어(키워드 구름)들을 5개씩 확장해 가며 단어를 연결해서 써보자.

첫 번째 키워드:

(1)　　　　(2)　　　　(3)　　　　(4)　　　　(5)

두 번째 키워드:

(1)　　　　(2)　　　　(3)　　　　(4)　　　　(5)

세 번째 키워드:

(1)　　　　(2)　　　　(3)　　　　(4)　　　　(5)

다섯 번째, 그중에서 가장 먼저 하고 싶은 것들에 1, 2, 3으로 우선 순위를 매겨보자.

1순위

2순위

3순위

이 중에서 1번을 책 쓰기로 시작하면 가장 좋은 답이 된다.

책 쓰기 주제의 핵심 키워드를 정했다면, 반드시 한 문장으로 정리해 두자. 차후 출간 기획서에 쓸 핵심 문장이 되기도 하면서, 저서를 소개하는 한 줄 브랜딩이 될 수 있기 때문이다. 한 줄 안에 집필할 책을 소개하는 최대한의 핵심 단어를 넣되, 명확한 단어들의 조합을 통해 저서의 핵심을 잘 표현해 보자.

책 쓰기 주제는 난해하지 않다. 꼭 특별한 것을 써야만 작가가 되는 것이 아니다. 책을 읽는 독자들은 삶에서 누구나 마주칠 수 있고 나에게도 해당할 수 있는 이야기에서 공감과 위로를 받는다. 공통적인 정서 안에서 나도 할 수 있다는 자신감과 용기를 얻게 된다. 그러니 내가 특별한 사람이 아니라고, 나는 그저 평범하고 또 평범하기만 하다고 주눅 들지 말자. 우리는 다른 저자에게 독자이기도 하고, 독자에게 저자이기도 하니 말이다.

책을 쓰고 싶다고 생각했다면, 언젠가 책을 한번 꼭 쓰고 싶다는 생각을 가지고 이 책을 읽기 시작했다면, 망설임은 인제 그만 내려놓자.

책 쓰기를 하기 위해서는 혼자서 시작하는 방법, 책 쓰기 코치의 가이드를 받는 방법, 아카데미에 들어가서 다른 사람들과 함께 시작하는 방법 등 다양한 선택지가 있다.

하지만 때는 미루지 않았으면 좋겠다. 시작이 빠르면 빠를수록 결과물은 그만큼 빨리 나오기 마련이다. '언젠가'라는 하염없는 기약에 휘둘려 내 인생을 유보하지 말자.

책 쓰기를 마음 먹었다면 '풍덩' 하고 책 쓰기 바다에 뛰어들어 보자. 시작하게 되면 어떻게든 목적지까지 나아가게 되어 있다. '나중에는'은 그저 지금은 우선순위가 아니라는 인생의 핑계일 뿐이다. 하고 싶은 일들을 해 나가기에도 인생의 시간은 모자라고, 쏜살같이 지나간다.

누구를 위한 글을
어떻게 쓸 것인가

책 쓰기를 하는 동안은 부지런히 오프라인 서점을 드나들 것을 추천한다. 나는 서점을 나의 놀이터라고 자주 이야기한다. 일주일에 두세 번 정도는 기본으로 가게 되고, 어떤 주는 일주일 내내 서점에 가는 경우도 있다. 책을 사기 위해서 가는 경우도 있고, 책을 보기 위해서 가는 경우도 있다. 가끔 이동하는 중간에 시간이 비어서 카페에서 뭔가 일을 할 시간이 필요해도 되도록 서점 안에 있는 카페를 간다. 그리고 기분이 꿀꿀해서 기분 전환이 필요해서 가는 경우도 있고, 문구를 사는 경우도 있지만 결국 목적은 '서점에 가서 모든 것을 해결한다'이다. 왜 이런 루틴을 만들어 두었느냐 하면 나는 작가이고, 작가를 만들어 주는 책 쓰기 코치이기 때문이다. 항상 신간의 흐름을 알아야 하고 베스트셀러와

우선 쓰고, 인생 작가가 됩니다

스테디셀러의 흐름을 알아야 하기 때문이다. 신간 서적들의 트렌드를 살펴야 하고, 출판사들이 어떻게 경쟁하고 있는지 오프라인 서점의 매대 흐름을 눈으로 확인하는 게 중요하기 때문이다. 무엇보다 새로 나온 신간 책을 좋아하기도 하고, 책에서 트렌드와 라이프스타일을 파악하기 위해서 서점에 자주 간다고 보는 것이 더 정확한 표현일 것이다. 나는 시대의 트렌드와 다양한 주제 흐름을 빠르게 파악하기 위해 서점을 놀이터처럼 자주 드나든다.

책 쓰기를 하기 위해서는 자신이 쓰고자 하는 책이 어떤 카테고리에 있는지를 명확하게 알아야 한다. 온라인 서점 사이트에서 국내 도서를 클릭해 보면 그 아래 큰 카테고리들이 굵은 글씨로 표시되어 있고, 그 아래 세부 카테고리들이 표시되어 있다.

먼저 책 쓰기 장르를 '힐링 에세이'라고 정했다고 치자.
교보문고나 예스24 같은 온라인 서점에 들어가면 메뉴 카테고리를 먼저 살펴본다.
교보문고의 경우 국내 도서 〉 시/에세이 〉 테마 에세이 〉 명상/치유 에세이로 카테고리가 세분화되어 있다. 예스24

의 경우는 국내 도서 〉 에세이 〉 명상/치유 에세이로 카테고리를 찾아 들어가면 원하는 책들을 볼 수 있다.

'힐링 에세이'는 책의 카테고리 분류상 '명상/치유 에세이'라는 큰 카테고리에 속해있다.

카테고리를 확인한 후에는 내가 온라인 서점을 검색하는 시기에 나온 신간 중에서 네다섯 권을 찬찬히 살펴보자. 표지, 제목, 목차, 책 소개까지는 온라인에서 확인하기가 쉽다. 신간이 발매되면 출판사에서 심혈을 기울여 모든 글과 소재 그리고 키워드까지 잘 정리해서 올려두기 때문에 이를 살펴보는 것만으로도 흐름과 방향을 살펴볼 수 있다. 온라인에서 책을 살펴보았다면, 이제 오프라인 서점에 방문해서 다시금 더 자세하게 살펴보아야 한다.

오프라인 서점은 작가에게 천의 재료를 얻을 수 있는 지혜의 보고이다. 물론 도서관도 좋지만, 신간을 가장 빠르게 만날 수 있는 오프라인 서점이 현재 출간되는 책들의 트렌드를 읽어가는데 더 적합하다.

오프라인 서점에 가서 온라인에서 봐두었던 책들을 찾아 머리말을 읽어보고 책날개 앞뒤를 확인하면서 꼼꼼히 살핀다. 그리고 시간이 허락한다면 다른 분야의 책 중에 관심이

가는 책들도 여러 권 같이 살펴보는 것이 좋다.

　내가 쓸 주제의 카테고리를 파악했다면, 이제 누구를 위한 책을 쓸 것인지 독자 타깃을 최대한 좁혀보자. 나는 인생의 또 다른 시작을 고민하거나 인생 경험을 어느 정도 쌓아온 사람들이 책을 쓸 때 도움이 되는 책을 쓰기로 했다. 그런 독자 타깃을 정한 후에 그들에게 가장 필요한 것이 무엇일까를 고민하고 생각하면서 그들에게 도움이 되고자 이 책을 썼다.

　책을 쓸 카테고리의 큰 주제를 정했다면, 이 책을 읽을 독자 타깃을 최대한 좁게 정해라. 그들에게 어떤 이야기가 가장 필요할지를 많이 생각하고 고민하라. 그러고 나서 경쟁 도서를 분석하며 경쟁 도서들이 어떤 이야기를 독자에게 전하고 있는지 살펴보자. 관련 카테고리 도서 중에 벤치마킹이 필요하거나 참고가 되는 책들은 과감하게 구매하자.

　경쟁 도서가 될 만한 카테고리의 책들은 집필하는 내내 곁에 두고 읽는 것이 좋다. 세 권에서 다섯 권 정도는 참고 도서로 구매해서 자세하고 꼼꼼하게 보면서 책 쓰기를 준비하자.

보통 책 한 권을 쓰는데 작가들이 참고하는 도서는 대략 30~50권 정도 된다. 나는 책을 쓸 때 좀 더 다양한 분야의 책들을 참고하는 편이라 책 한 권을 쓰기 위해 쉰 권 가까이 들여다보고 더 좋은 참고할 만한 내용이 없을지를 고민하곤 한다.

작가들이 집필을 위해 책을 읽는 방식은 독자들의 독서 방식과는 다르다. 작가들은 필요한 부분에 대한 취사선택을 잘하고, 자신이 필요한 책에서 선택적 읽기를 잘하기 때문에 더 많은 책을 참고 도서로 살펴보게 된다. 자신이 쓰는 분야와 같은 카테고리에서 순위 안에 드는 책은 베스트셀러가 된 이유를 분석하기 위해서라도 곁에 두고 집필하는 것이 유용하다.

경쟁 도서를 구매했다면 노트에 페이지별로 책의 제목을 적는다.

첫 번째로 첫 줄에는 제목과 저자를 정리한다. 책 표지와 앞뒤의 책 소개에 관한 내용을 보면서 중요한 키워드를 기록한다. 좋은 키워드가 있다면 목차에 활용해 볼 수도 있다.

두 번째로 목차와 머리말을 살펴보며 좋은 점을 기록한다.

세 번째는 책을 빠르게 훑어 읽기로 보면서 강점, 미비하다고 생각되는 점, 내 책에 벤치마킹하고 싶은 점 등을 노트에 기록해서 남겨두는 것이 좋다. 꼭지 중에 정독해야 할 부분이 있다면 필요한 부분을 정독해서 읽고, 다른 부분들은 필요한 정도로 선택해서 읽으며 빠르게 분석을 마친다.

내가 쓰고자 하는 카테고리에서 이미 출간한 작가들이 메시지를 전하고 있는 방법을 살펴보는 것이 중요하다. 그래야 이미 출간된 책들과 구별되는 나만의 차별화 포인트를 만들어 가기 쉽다. 경쟁 도서를 읽고 분석하기 시작했다면, 이제부터 주변에 보이는 모든 것들은 책 쓰기 소재가 된다. 내 주변에 있는 모든 책은 책 쓰기 선생님이자 동료가 된다. 그러니, 주변의 책들을 더 꼼꼼히 보는 습관을 지녀야만 한다.

한 문장 혹은 한 문단이 주는 메시지의 울림을 잘 배워야 한다. 자신의 주변에 있는 책들을 소중히 하는 태도를 가지고, 나의 성장을 이끌어 주는 그 책을 써준 작가에게 고마운 마음을 가져보자.

미리 준비하는
출간 기획서

무릇 작가(作家)란 자기 생각이나 메시지(作)로 만든 공간 (家)에 독자들을 초대하는 사람이다. 출간 기획서란 자신이 지어 올린 집이 어떤 집인지를 소개하는 글이다. 자신의 책이 어떤 내용인지 개략적인 소개서를 통해 자신이 쓴 책을 출판사에 소개하는 글이라고 생각하면 된다.

드라마 시나리오로 치자면 시놉시스(사전 설명 쓰기) 같은 역할을 하는 것이다. 내가 쓴 책은 ○○○이라는 핵심 메시지를 담고 있는데, 이 책은 누구를 위해서 썼고, 이 책은 이런 사람들이 읽으면 이런 도움을 받을 수 있다는 내용이 골자를 이루어야 하는 문서이다.

쉽게 말해서 출판사에 내 책의 상품 가치를 소개하는 것이 바로 출간 기획서이다.

우선 쓰고, 인생 작가가 됩니다

작가와 출판사는 이 출간 기획서만으로도 계약할 수 있다. 하지만 나는 책 쓰기 코칭을 하는 수강생들에게 초반에 출간 기획서를 써놓고 집필을 시작하고, 투고할 때 이 내용을 정리해서 투고 메일로 함께 전달하는 방법을 선호한다.

출간 기획서에 포함되어야 하는 상세 내용은 아래와 같다.

가제(제목):

부제(카피라이팅):

주제(핵심 콘셉트):

카테고리/분야:

타깃 독자(책을 읽을 사람):

핵심 내용:

차별화 포인트:

경쟁 도서:

홍보 전략:

목차:

저자 프로필:

이 책의 출간 기획서를 예시로 들자면 아래와 같다.

가제: 우선 쓰고, 인생 작가가 됩니다

부제: 처음 책 쓰기를 하는 사람들을 위한 책 쓰기 코치가 알려 주는 친절한 책 쓰기 가이드

주제: 책 쓰기에 대한 선입견을 깨고, 작가라는 평생 직업의 새로운 기회를 만들자

카테고리/분야: 자기 계발/ 책 쓰기

타깃 독자: 40~60대 작가가 되고 싶은 사람 혹은 책 쓰기를 처음 해보는 사람

핵심 내용: 구체적이고 현실적인 책 쓰기 실전 가이드를 포함한 작가 브랜딩 가이드

차별화 포인트: 차별화하는 책 쓰기 스토리텔링과 퍼스널브랜딩 노하우

경쟁 도서: 『책으로 나를 브랜딩하라』(이선영), 『책 쓰기가 이렇게 쉬울 줄이야』(양원근), 『한 권으로 끝내는 책 쓰기 특강』(임원화)

홍보 전략:

1) SNS 채널을 통한 책 홍보

2) 독서 커뮤니티에서 책 홍보

3) 책 출간 시 저자 강연회, 북 콘서트 개최 예정

4) 퍼스널브랜딩 & 책 쓰기 특강 시 홍보

목차:

저자 프로필(생략)

 나는 내가 가르치는 수강생들에게 출간 기획서를 집필하기 전에 꼭 쓰게 한다. 보통 책 쓰기를 할 때 출간 기획서는 책 쓰기를 시작하는 제일 처음에 쓰거나, 혹은 맨 마지막 투고 직전에 쓰는 게 일반적이다.

 내가 수강생들에게 출간 기획서를 책 쓰기 주제를 정하고 콘셉트를 정한 다음에 쓰게 하는 이유는 그때가 출간 기획서를 쓰기에 가장 좋은 시점이기 때문이다. 보통 주제를 잡고 자신이 쓸 카테고리가 정해지고 경쟁 도서들을 들여다보면, 자신이 쓸 방향성을 대략 도출할 수 있다. 이때 써놓은 출간 기획서는 집필하는 책의 큰 방향성이 된다. 출간 기획서를 구체화 시켜나가는 것이 제목과 목차가 되고, 집필한 글들이 되게 하는 것이 더 자연스러운 맥락이라고 생각한다.

나 역시도 책을 쓰기 위해서 주제를 생각하고, 콘셉트 한 줄이 나오면, 그다음에 바로 출간 기획서를 쓰면서 먼저 누구를 위한 글을 어떻게 쓸 것인가를 기획하고 고민한다. 그 이후에 제목과 목차를 만들어 내고, 목차까지 완성되면 빠르게 집필에 들어가곤 한다.

가장 빨리 초고를 써낼 방법이기도 하고, 초고 집필에 가속도를 붙이는 방법이기도 하다.

출간 기획서를 집필 시작 전에 써두면, 내 책이 어떤 글을 쓰기 위해서 시작했는지를 명확히 할 수 있어 집필 방향을 잃지 않을 수 있다. 또 글이 막힐 때는 어떤 부분에서 헤매고 있는지를 풀어나가는 데 있어 나침반이 되어주기도 한다.

세부 집필을 해 나가다 막힐 때 혹은 내 글에 자신이 없어질 때는 '출간 기획서'를 버팀목 삼아서 다시 글을 써 나갈 용기를 내면 된다. 그러니, 출간 기획서는 꼭 초반에 잘 정리해 두도록 하자.

우선 쓰고, 인생 작가가 됩니다

책 제목 정하고
목차 만들기

　오프라인 서점일 경우 매대에서 책 제목에 눈길이 가야 그 책을 집어 들고 살펴보게 된다. 온라인 서점이라면 표지와 제목부터 눈길을 사로잡지 못한다면 클릭조차 받기 힘들다. 이런 이유로 출판사에서는 책을 출간할 때는 '책 제목'에 가장 많은 공을 들인다.

　관용구로 쓰일 만큼 유명해진 『칭찬은 고래도 춤추게 한다』의 초판 제목은 『You Excellent!』였다. 책이 시장에서 큰 반응을 얻지 못하고 고전하자, 출간 5개월 만에 출판사는 제목을 바꿔 재출간하였고, 제목을 바꾸자, 순식간에 3~4배의 매출 성장을 이루며 베스트셀러에 진입했다고 한다.

　누적 판매 부수 300만 부 이상의 기록을 보유하고 미국,

영국, 중국, 독일, 브라질 등 전 세계 26개국에 판권이 수출된 혜민 스님의 『멈추면 비로소 보이는 것들』의 초판 제목은 『천천히 가세요』였다.

책은 출간 시에 출간 시기와 독자층 그리고 제목이 중요한데, 이 3가지의 요소 중에 책 구매에 영향을 가장 많이 미치는 것은 단연코 책 제목이다. 독자는 주로 책 제목을 보고 구매하는 경우가 80% 이상일 정도로 책 제목은 책의 구매와 직결된다.

내가 쓴 집필 원고를 출판사에 투고할 때도 책 제목은 중요하다. 책 제목이 좋아야 출판사 담당자의 궁금증을 자아내고 투고 메일 클릭을 유도할 수 있다. 그러니 책 제목을 정할 때는 많은 정성과 노력을 들여야 한다.

나는 23년간 브랜드 네임을 개발해 왔기 때문에 책 제목을 정할 때도 네이밍 일을 하는 것처럼 책 제목을 생각하게 된다. 이 책의 본질적인 내용을 관통하는 제목이 무엇일까를 여러 가지로 고민해 본다. 그리고 어떤 책 제목이 가장 매력적인가에 대해 많이 써보고 변형해 보고 다시 처음부터 틀어보고 다양한 관점에서 접근한다.

우선 쓰고, 인생 작가가 됩니다

책 제목은 책 내용의 본질을 보여주거나, 호기심을 끌게 하거나 매력적이어야 한다. 시대나 트렌드를 너무 앞서가도 어렵고, 뒤처지면 식상하고, 이미 출간된 도서들과 비슷한 아류처럼 보여도 곤란하다. 책이 출간되는 시점에 '낯섦의 공감대'를 주거나 신선한 공감대의 새로움을 줄 수 있다면 개성적인 책 제목이 될 수 있다. 책 제목이 매력적이어야 책도 더 매력적으로 보이는 법이다.

처음 글을 쓰는 작가가 책 제목을 잘 짓기란 쉽지 않다. 요리를 처음 배우는데 칼질이 숙련된 장인이나 마스터 셰프처럼 할 수 없듯이, 책 제목을 만드는 데에도 충분한 연습과 시간이 필요하다.

먼저 책 제목을 잘 정하는 방법을 얘기해 보자.

책의 주제나 콘셉트가 정해졌다면, 온라인 서점에 들어가서 해당 주제의 카테고리 100순위에 올라와 있는 책 제목들을 쭉 적어본다. 이 중에서 나의 책과 관련이 있는 제목도 있고, 아닌 제목도 분명히 있을 것이다. 같은 카테고리에 있는 책들이 대략 어떤 제목들을 가졌는지 분위기 파악을 충분히 해볼 수 있다.

그리고 다시 베스트셀러 코너에 들어가서 다시금 100순위에 올라와 있는 제목들을 쭉 적어본다. 베스트셀러 순위에 있는 책들의 제목을 적다 보면 요즘 사람들이 좋아하는 책의 제목 형태들을 파악할 수 있다.

이 2가지 제목들 사이에서 차이점을 발견하기 어려워도 괜찮다. 중요한 건, 200개의 제목을 가지고 자신이 생각하는 주제의 단어를 바꾸어가며 활용하면서 200개의 책 제목을 만들어 보는 것이다.

'첫술에 배부를 수 없다'라는 것을 기억하자. 잘 안돼도 괜찮다. 우리는 초고를 쓰고 퇴고를 해 나가는 내내 제목을 바꿀 시간이 충분하다. 출판사에 투고하기 직전까지도 우리는 책 제목을 바꿀 수 있으니 걱정하지 않아도 된다.

다만, 책 제목을 정하고 목차를 정리해 두어야만 집필을 시작할 수 있는 기준점을 만들 수 있다. 그러니, 완벽하지 않아도 된다. 어느 정도 자신의 마음에 드는 제목이 나왔다면 일단 정하고 목차 정하기로 넘어가 보자.

요즘 책들은 카테고리에 따라 목차 형식이 자유로워지기도 하며, 작가의 개성이나 성향에 따라 그 구성 방식이 달라지기도 한다. 목차가 탄탄하게 구성되어 있다면 책 한 권의 가치를 높이는 데 이바지할 수 있다.

일반적으로 목차는 크게 4장이나 5장으로 구성되어 있다. 각각의 장 제목은 제목 아래 대주제라고 생각하면 된다. 장 제목의 경우 책 제목과 어우러지면서 각 장의 제목들이 연관성을 가지는 전개를 펼칠 수 있다면 더없이 좋은 장 제목이 된다.

목차는 1~5장에 이르기까지 장별로 서론, 본론, 결론에 이르는 장들의 역할이 정해져 있다.

일반적으로는 1장에서는 주제에 관한 문제를 제기하는 내용이 들어간다. 2장에서는 문제 제기에 관한 내용을 좀 더 구체적으로 뒷받침하는 내용을 쓰게 된다. 3장에서는 문제점에 관해 더 깊이 있는 내용을 쓰거나 문제점을 해결해 가는 방식을 쓰게 된다. 보통 3~4장에서 문제를 제기한 내용에 대한 솔루션이나 해법을 제시한다. 그리고 마지막 장인 5장에서는 훈훈하고 따뜻한 마무리를 하는 결론의 장으로 구성된다. 목차를 테마별이나 주제별로 다르게 구성할 때는 일반적인 경우와 달라질 수 있다.

장 제목 아래 소주제는 '꼭지'라고 부른다. 그래서 장 제목 아래에는 '꼭지 제목'이 따라붙는 구조로 되어 있다. 다시 정리하자면, 목차는 책 제목 – 장 제목 – 꼭지 제목의 구성 체계를 가진다.

　나는 책을 구매할 때 책 제목, 작가 프로필, 목차를 먼저 살펴본다. 목차를 보면 책 내용의 구조를 한눈에 파악할 수 있다. 책을 살펴볼 때 목차 구성에서 책의 대략적인 흐름이 보이고, 그걸 토대로 읽고 싶은 꼭지를 펼쳐서 글을 읽어본다. 읽고 난 후에 이 책이 나에게 도움이 되겠다 혹은 필요한 책이라는 생각이 들면 주저 없이 구매한다. 반면에, 책 제목은 좋은데 목차 구성이 엉망인 책의 경우에는 손이 잘 가지 않는다. 독자를 위한 가이드가 제대로 준비가 안 된 느낌이 들기 때문이다. 특히 목차에 번호만 나열한 자비출판 책인 경우는 웬만해서는 구매하지 않게 된다.

　목차는 독자에게 책을 읽기 전에 책의 내용을 알려주는 전반적인 전개도가 되고, 작가에게는 책을 쓰기 위한 전체 설계도가 된다. 목차가 짜임새 있는 구성일수록 작가에게는 책을 더 잘 집필할 수 있는 동기부여가 되고, 독자에게는 책을 잘 읽어 나갈 수 있는 친절한 길잡이가 된다.

　장 제목 아래 놓인 꼭지 제목들은 장 제목의 테두리 범위

안에서 소주제를 가져가게 된다. 장 제목의 영향 아래에서 연관성 있는 키워드나 단어들로 이루어진 꼭지 제목을 가질수록 목차가 더 좋아 보인다. 장 제목은 큰 주제 제목이다 보니, 두루뭉술하게 큰 주제를 말할 수 있다. 꼭지 제목은 장 제목보다 구체적이고 자세한 제목을 쓸 수 있다. 예를 들어 에세이라면 장 제목에 큰 주제에 속하는 상황을 쓴다면, 꼭지 제목에는 그 시절을 연상시킬 수 있는 구체적 상황이나 에피소드로 꼭지 제목들로 구성할 수 있다.

나는 목차 구성을 수강생들과 함께 작업할 때 작가가 하고자 하는 이야기를 목차에서 잘 전달할 수 있는가를 가장 중요하게 생각한다. 본질적인 부분이 잘 드러나도록 큰 줄기와 작은 줄기를 잘 가름한다. 장 제목과 꼭지 제목들 역시 책 제목만큼이나 매력적일 수 있게 설계한다. 그리고 집필 원고를 퇴고할 때는 책 내용을 읽어 나가며, 쓰인 이야기와의 연관성을 살펴보며 목차를 수정하고 또 수정한다. 이것이 출판사에 투고할 때 한 번도 실패가 없었던 이유이기도 하다. 나에게 책 쓰기 수업을 들었던 수강생들의 80% 정도는 내가 정해드렸던 책 제목 그대로 책이 출간되기도 한다.

책 제목과 장 제목 꼭지 제목은 잘 짜인 나침반이자 설계도와 같다. 책을 읽어 나가는 독자들을 위한 길라잡이가 되기 때문에 잘 짜인 구성으로 보이는 것이 작가에게는 중요하다.

처음 책을 쓰는 작가에게는 책 제목을 정하는 것도 어렵고, 장 제목과 꼭지 제목을 정하는 것은 더더욱 어렵다.

하지만 첫 번째 책을 써보고, 두 번째 책을 써보면 점점 더 쉬워질 수 있다. 그만큼 익숙해지는 게 빠른 일이다. 그러니, 용기를 가지고 책 제목을 과감하게 정하고, 장 제목을 정해 나가 보자. 책 제목과 장 제목만 정해져도 큰 줄기가 잡히는 것이기 때문에 마음이 뿌듯해질 것이다. 그리고 꼭지 제목을 하나하나 섬세하게 작은 줄기로 잡아 나간다면 이제 책을 쓰기 위한 준비는 거의 다 된 것이다.

꼭 기억하자. 책 제목 · 장 제목 · 꼭지 제목은 출판사 투고 전까지 계속 고칠 수 있으니, 너무 완벽하게 만들려고 애쓰지 말자. 목차는 설계도일 뿐이니, 초고 집필에 속도를 내는 것이 훨씬 더 중요하다!

우선 쓰고, 인생 작가가 됩니다

표본 원고 써보기

    여기까지 읽었다면, 책 쓰기 오분의 일 지점에 도착한 것이다. 포기하지 않고 끝까지 하나씩 해 나가고 있는 스스로에게 참 잘했다고 칭찬을 건네보자. 책 제목과 목차가 완성되었다면 책 쓰기 전개도를 완성한 것이다. 비록 내 맘에 100% 만족할 정도가 아니더라도 70~80% 정도 만족할 만큼이 되었다면 이제 표본 원고를 써보자.

    초고 집필을 시작하기 전에 표본 원고를 써서 책 쓰기 글의 형태를 만들어 보는 연습을 미리 하자. 집필의 규칙과 기술을 익힌 후에 글을 써야 초고도 책의 형태로 쓸 수 있다. 규칙 없이 쓴 초고는 첫 번째 퇴고에서 다시 초고를 고쳐 써야 하는 반복이 될 수 있으니, 규칙과 기술을 제대로 익혀서 초고 집필에 들어가자.

표본 원고를 쓸 때는 글의 분량이 중요하다. 1꼭지는 A4 용지 두 장에서 두 장 반 분량으로 쓴다. 꼭지 40개 정도의 분량을 써야 한 권의 책 분량이 완성된다. 물론 단편소설일 경우는 80페이지 정도로 얇게 가는 경우도 있으나, 우리가 일반적으로 구매하는 책들의 두께는 40꼭지 전후의 A4 용지 100~110매 정도의 분량이다.

한글 프로그램을 열었을 때, 아무것도 건드리지 않은 상태 즉 함초롬바탕에 10포인트로 A4 용지의 100매 혹은 110매를 쓰는 일이 초고 집필이다.

100매 혹은 110매라 하면 '내가 어떻게 A4로 이렇게 많은 분량을 쓸 수 있어?'라며 아연실색하는 분들도 분명히 있을 것이다. 그러나 이걸 하루에 쓰는 분량도 아니고, 한 달에 쓰는 분량도 아니다. 매일 1꼭지씩 쓴다면 40일 동안 쓰는 분량이고, 하루에 2꼭지씩 쓴다면 20일 동안에 쓸 수 있는 분량이다. 그러니, 초반부터 너무 욕심내지 말고, 꾸준히 써 나가면 된다.

표본 원고는 A4 100~110매를 쓰기 위한 기본 형태의 원

우선 쓰고, 인생 작가가 됩니다

고를 만드는 과정이다. 그러니 목차 중에서 쓰고 싶은 한 꼭지를 골라서 글을 써보자.

도입부 – 핵심 내용 – 마무리 3단 구성을 하고 각 해당 부분에 사례 1가지씩을 넣어보자. 맥락에 맞는 사례는 인용 혹은 각색을 활용해 넣으며 자신만의 스타일을 만들어도 좋다.

꼭지를 쓸 때 도입부와 마무리 부분이 중요하다. 도입부는 글을 읽고 싶어지도록 호기심을 불러일으키는 요소가 들어가면 좋다. 가볍게 호기심을 불러일으켜서 본론의 내용을 기대하게 만들고, 마무리 부분에는 감동이나 배움 혹은 공감의 요소들을 통해 매끄러운 구성을 만들어 보면 좋다.

도입부에서 보여주는 이야기가 중간과 마무리까지 일관된 맥락과 흐름을 가져가는 것이 중요하다. 책 쓰기에서는 도입부의 이야기를 쓰고 나서 그에 대한 근거로 사례 1을 넣을 수 있다. 본론으로 들어가서 중요한 이야기들을 쓰고 나서 이 본론을 뒷받침하는 사례 2를 넣을 수 있다. 그리고 독자를 위한 훈훈하고 따뜻한 마무리를 해도 좋다.

꼭지를 쓰는 데 있어 가장 중요한 것은 저자의 핵심 메시지와 생각이 도입부부터 마무리까지 일관된 맥락으로 연결하며 쓰는 것이다. 그 내용을 뒷받침하는 근거나 사례가 적용되어 있으면 좋은 글이 된다. 꼭지 주제와 연관된 자신의 경험이나 에피소드를 최대한 많이 쓰고 어울리게 쓰자. 내 경험에도 선택적 편집과 좋은 구성이 필요하다.

작가에게 참고 도서나 참고 문헌이 많이 필요한 이유는 내가 쓴 이야기를 이해할 만한 근거가 필요하기 때문이다. 내 이야기의 비중은 7~8 정도로 들어가는 것이 적당하다. 하지만 2~3의 비중은 책 내용과 관련된 참고 문헌이나 참고 도서 혹은 다양한 접점의 사례가 포함될 수 있다. 자신의 이야기에 다양한 사례가 포함된다면, 글이 지루해지지 않고 더 풍성해진다.

책을 쓰는 일은 인쇄물을 만드는 일이다. 노트북에서 글을 쓴 다음에는 꼭 인쇄물로 뽑아서 자신이 쓴 글을 눈으로 확인해야 한다. 노트북 화면으로만 읽었을 때는 하나도 안 보이던 것들이 종이로 인쇄해서 보면 수정할 부분들이 여러 군데 튀어나온다. 종이로 인쇄해서 수정할 것이 없다면, 소리 내어 읽어보자. 자신의 글을 소리 내어 읽어보았을 때, 어색한 부분들을 수정하는 것이 술술 읽히는 방법이다.

우선 쓰고, 인생 작가가 됩니다

표본 원고는 꼭 지켜야 할 체크포인트가 있다.

첫 번째, 저자의 생각과 핵심 메시지가 잘 담겨 있는가를 확인해야 한다.

두 번째, 서론과 본론 및 결론이 명확하며 적절한 사례가 들어가 있는지를 찬찬히 살펴보자.

세 번째, 문장의 흐름이 너무 길지 않은지 혹은 너무 짧지 않은지를 확인해야 한다. 문장은 짧게 나누어 쓸수록 이해가 쉽고 잘 읽힌다.

네 번째, 원고 분량과 맞춤법 · 문장부호 · 들여쓰기 등 책 쓰기 형식에 맞게 잘 쓰였는지를 살펴봐야 한다.

다섯 번째, 글의 형태가 문제가 없다면 글의 내용으로 들어가서 본문과 사례의 연결성이 적절한지, 사례의 분량이 적당한지 내 이야기의 분량이 적당한가를 살펴 글의 완성도를 높이면 좋다.

그리고 마지막으로 쓴 글을 입으로 소리 내서 읽으면서 여러 번 고쳐 본다. 내가 쓴 글이 술술 읽히며 지적 호기심까지 충족된다면 좋은 글이 완성된 것이다. 말맛이 살아있어 글이 재미까지 있다면 금상첨화다.

이렇게 해서 더 이상 고칠 게 없다고 생각하는 원고가 바로 표본 원고가 된다. 표본 원고를 항상 곁에 두고, 초고 쓰기를 계속해서 40꼭지를 꾸준히 써 나가는 것으로 초고 집필을 완성하면 책이 된다.

집필 리추얼 만들기

일상의 반복적인 행동 패턴을 '리추얼'이라 하는데, 주로 작가·예술가·시인·작곡가·영화감독·화가·철학자·과학자 등 창조적 일을 하는 사람들이 가지는 일종의 행동 패턴을 말한다. 창의적인 일을 하는 사람들이 창조적 일에 몰입하기 위해서 무의식적으로 늘 하게 되는 행동을 가리켜 우리는 리추얼이라 부른다.

바흐는 항상 음악을 작곡하기 전에 커피콩의 숫자를 세서 커피를 진하게 갈아 먹는 루틴을 가졌다. 곡을 작곡하기 전에 자신을 워밍업시키는 루틴이었다.

무라카미 하루키는 소설을 쓸 때 오전부터 오후 3시까지는 집필을 쭉 이어 나간다고 한다. 그 이후 시간에는 운동하거나 책을 읽거나 자신만의 일상을 하는 작업루틴을 지속적으로 가지고 있기 때문에 꾸준히 소설을 쓸 수 있었다고 한다.

쉽게 말해서 창조적인 일을 하기 위한 '좋은 습관'을 들이는 것인데 평범한 일상의 방해 요소들을 뒤로 하고, 오직 나만의 시간을 지키기 위해 자신도 모르게 늘 하게 되는 무의식적인 행동들이 바로 리추얼이다.

나는 글을 쓰거나 일을 시작할 때, 진한 커피 한 잔을 옆에 두고 시작한다. 집에서 글을 쓸 때는 원두를 갈고, 포트에 더운물을 식히고, 잔을 데우고 커피를 내리는 일련의 과정들을 통해 작은 행복으로 에너지를 채운다. 나에게는 아주 작은 사소한 행동이지만, 이렇게 커피를 내 옆에 두었다는 것은 이제 '업무 모드'로 들어갈 시간이라는 것을 나에게 자연스럽게 상기시키는 나의 오래된 일상 루틴이다. '몰입'으로 들어가는 포문을 열어주는 것이 나에게는 따뜻한 커피 한 잔이다.

무엇인가에 몰입하기 위해 자신만이 가지는 행동 패턴이 있는가? 책을 잘 쓰기 위한 자신만의 리추얼은 무엇일까?

를 생각해 보자. 가장 심리적으로 안정되게 하거나, 마음가짐을 다잡을 수 있다면 그 무엇이라도 좋다.

나는 봄에서 가을까지 해가 길 때는 잠에서 깨면 바로 명상을 하고, 감사 일기를 쓰고 운동을 가장 먼저 한다. 운동을 1시간쯤 한 후 살짝 땀이 나거나 땀에 흥건하게 젖게 되면 뇌를 활성화할 수 있다. 운동 뒤에 샤워하고 글을 쓰면 활성화된 최적의 뇌 상태가 되기 때문에 이때 쓰는 글들은 호흡이 빠르고 망설임 없이 간결하게 글이 써진다. 내 몸을 깨워 활성화한 상태에서 몰입하는 에너지를 키우고 집중력을 올리는 것이 빨리 쓰고 많이 쓸 수 있는 비결이다.

반면 겨울에는 아침에 깨면 명상을 하고 글을 먼저 쓴다. 햇빛을 충분히 받으며 걸을 수 있는 가장 행복한 시간에 쉼을 주고, 그 시간에 온전히 나만의 시간을 즐긴 후 다시 업무 모드로 돌아간다.

책 쓰기를 일상의 루틴으로 만들어 놓으면 지속적인 집필을 해 나갈 수 있다. 그리고 이 책을 쓰고 다음엔 또 다른 책을 써야지 하는 욕심과 아이디어들이 계속 생각나면서 쓰기가 즐거워진다.

100세 시대에 책 쓰기라는 생산성 있는 좋은 취미가 생기면 얼마나 좋은가? 책 쓰기를 하다 보면 내가 쓰고, 가르칠 수 있고, 더 크게 성장해 나갈 수 있다. 작가는 나이와 상관없이 은퇴가 없는 콘텐츠 크리에이터다.

책 쓰기는 결코 쉬운 작업은 아닐 수 있지만 그 누구나 해낼 수 있는 일이다.

스쾃(스쿼트)을 1개부터 시작해서 매일 하다 보면, 어느새 100개, 200개를 넘기며 손쉽게 해 나갈 수 있다. 책 쓰기 역시 똑같다. 한 장씩 쓰는 분량을 늘려갈 수 있고, 쓰다 보면 어느 순간 원고 페이지가 백 장을 훌쩍 넘기게 된다. 책 쓰는 것 역시 지속적인 반복으로 계속 쓰다 보면 어느새 원고 분량이 차곡차곡 쌓인다. 그러니 그 어떤 순간에도 책 쓰기를 하기로 마음먹었다면 출간할 때까지 포기하지 말고, 계속 앞으로 나아가자.

우선 쓰고, 인생 작가가 됩니다

초고 집필하기

표본 원고까지 완성했다면 정말 잘하고 있다고 스스로에게 뜨거운 축하를 해주자. 어려운 관문을 하나씩 뚫고 앞으로 나가고 있는 스스로를 대단하다고 칭찬해 주자. 작가는 스스로 정한 길에서 꾸준한 인내로 목적지까지 나아가서 달콤한 열매를 맛보는 자다.

표본 원고를 작성해 보았다면, 책 쓰기 방법을 제대로 익힌 것이다. 그러니 이제부터는 초고 집필에 속도를 더해보자.

자신의 집필 스타일이 어떤지 빨리 파악할수록 유리하다. 초반부터 꼼꼼하게 글을 쓰는 것을 좋아하는 타입인지, 전체 흐름을 잡아놓고 필요한 부분을 넣는 것을 좋아하는 타입인지 빠르게 파악할수록 초고 속도가 붙는다.

　나는 전체 맥락을 잡아놓고 그 안에 필요한 사례를 넣는 것을 좋아한다. 제목을 정하고, 목차를 완성하고 나면 바로 초고 집필을 바로 시작한다. 꼭지별로 글의 전체 맥락을 큰 흐름으로 잡고 써 나가며 집필 속도를 높이는 것을 선호한다. 일정한 시간을 정해서 매일 집필을 하다 보면 어느새 100매 이상의 원고가 완성된다. 나의 경우는 초고를 빠르게 작업해서 분량을 일정 정도 맞추어 놓으면 마음이 편안해진다. 반면 퇴고는 최대한 시간을 공들여 집필 원고를 숙성한다.

　초고가 지지부진하게 길어지고 글이 안 써지면 집필 자체가 지친다. 그래서 나는 초고는 무조건 빠르게 밀어붙여서 써내는 것을 좋아한다. 빠른 초고 작성으로 일정 분량을 채워놓은 후에 퇴고를 여러 번 진행하면서 숙성한다. 더하기 빼기를 통해 뼈만 앙상한 글에 제대로 살을 붙여나가는 방식으로 작업을 진행하며 글을 발효시키고 뜸을 들인다. 퇴고를 네다섯 번 이상 거치다 보면 글의 호흡이 좋아지고, 술술 읽히는 글이 완성되어 간다.

　나와 다른 방식으로 글을 쓰는 작가들은 집필 전에 엑셀

파일에 목차별로 사례를 꼼꼼하게 다 찾아서 정리한 다음 집필을 시작한다. 어떤 방식으로 책을 써도 괜찮다. 개개인의 쓰기 방식은 다 다르다. 초고를 집필하는 방법은 철저히 개인차가 있는 방식이라 뭐가 맞고 뭐가 틀리다의 영역은 아니기 때문이다.

초고를 쓸 때 가장 중요한 것은 마감 일정을 정하고 쓰는 것이다. 몇 월 며칠까지 초고를 완성한다는 목표 의식을 가져야 자신의 일상 스케줄에서 그만큼의 시간을 할애할 수 있다. 책 쓰기를 하다가 일이 바빠서 중간에 한참을 쉬다 보면 초고 쓰기의 흐름이 깨져버린다. 주제에 대해 생각하고 있던 것이 흐트러지면 다시 처음부터 책 쓰기 주제에 관한 내용을 생각해야 한다. 전체 맥락과 목차와의 상관관계를 돌이키는 도돌이표를 해야 한다. 초고가 미궁 속으로 빠져드는 지름길이다. 초고가 미궁의 늪으로 빠져들수록 집필 기간은 무한정 늘어나기 마련이다. 그러니, 초고 쓰기를 시작할 때 마감 일정을 정하고 무조건 지켜서 써내자. 초고는 특히 쓰는 호흡이 중요하다. 나 역시 처음 책을 쓸 때는 이 작업 루틴을 제대로 만들 줄 몰라서 도돌이표를 엄청나게 하면서 고생했었다.

초고 집필 시 가장 중요한 것은 집필 시간을 일정하게 만들어 두어야 한다는 것이다. 초고를 완성할 때까지는 '책 쓰는 이 시간은 내가 반드시 지킨다'라는 굳건한 목표 의식을 가지고 시간을 투자해야 한다. 필력이 붙으면 속도는 자연스럽게 붙는다. 그러니 처음이 너무 어렵다고 헤매거나 좌절하지 말자. 매일 책을 쓰는 규칙적인 시간을 일상 루틴 안에 포함하면 좋다.

일상 루틴에 책 쓰는 시간을 넣기 위해서는 자신이 어떻게 시간을 쓰고 있는지 파악해야 한다. 피터 드러커는 시간 관리의 핵심은 '자신의 시간을 아는 것'이라고 했다. 자신이 생각하는 하루의 일과 시간과 실제로 자신이 쓰고 있는 시간의 차이가 반드시 있을 수 있으니, 자신이 쓰는 시간을 일주일만 기록해 보자.

분명히 자신이 시간을 쓴다고 생각했던 일과 실제 시간을 쓴 일과의 사이에서 차이가 분명히 발생할 것이고, 그 안에 집필 시간을 어디에 두어야 할지가 보일 것이다.

다닐 알렉산드로비치 그라닌이라는 작가가 쓴 『시간을 정복한 남자 류비셰프』에는 구소련의 과학자 류비셰프의 26세부터 죽기 전까지의 시간 소비에 대한 흥미로운 이야기가

우선 쓰고, 인생 작가가 됩니다

담겨 있다. 그의 유고에서 나온 '시간 통계' 노트에는 회계 장부를 기록하듯이 자신이 소비한 시간을 계산하여 매일의 시간을 기록했다. 그는 매월 합계를 내고 연말에는 연간 총계를 계산한 결산표까지 만들면서 자신의 시간을 최대한 연구를 위한 시간으로 투자했다고 한다.

류비셰프의 일기

1964년 4월 7일, 울리야노프스크.

- 곤충 분류학: 알 수 없는 곤충 그림을 두 점 그림- 3시간 15분
- 어떤 곤충인지 조사함-20분(1.0)
- 사교 업무: 식물보호단체 회의-2시간 25분
- 휴식: 이고르에게 편지-10분

(중략)

- 톨스토이의 『세바스토폴 이야기』-1시간 25분
- 기본 업무- 6시간 20분

빌 게이츠는 창의적인 뇌 활동과 올바른 결정을 위해 자신에게 꼭 필요한 수면 시간 7시간을 지킨다고 한다. 그는 업무 시간에는 5분 단위로 일정을 잡아 자투리 시간을 절대 만들지 않는다. 독서 시간을 매일 가지기 위해 일을 빨리 끝

내고 저녁 9시부터 잠들기 전까지 매일 1시간 독서 시간을 가진다. 매일 1시간의 독서 시간을 넘길 수 있는 책은 생각 주간인 2주일 동안에 읽을 책으로 남겨둘 정도로 빌 게이츠는 시간 관리를 가장 중요시하는 사람이다.

공격형인 빌 게이츠와는 반대로 일론 머스크는 방어형으로 시간을 관리한다고 한다. 그는 엔지니어들과 대화하면서 문제를 풀어나가는 것을 가장 우선순위에 두기 때문에, 쓸데없는 일을 하는 시간을 최대한 빼기로 방어한다. 업무 시간에 이메일을 확인하거나 휴대전화에 시간을 쓰는 것을 최소화한다고 한다.

빌 게이츠나 일론 머스크처럼 글이 잘 써지는 자신만의 시간을 찾는 노력이 중요하다. 아침, 점심, 저녁, 밤 시간 중에서 자신에게 가장 잘 맞는 집필하기 가장 좋은 1~2시간을 찾아내야 한다. 일정 기간에 초고 집필을 끝내기 위해서는 당분간 중요하지 않은 일정은 포기하거나 줄여야 하는 부분들이 생길 것이다. 자신의 가치를 높이는 '책 쓰기'에 몰입하는 시간은 더 나은 성장 가치를 만들어 낼 테니 다른 소소한 것들은 잠시 미루어두고 우선순위를 조정해 보자. 자신의 일상 루틴에서 업무와 휴식과 개인적인 일들을 정렬해서 나만의 창조적인 시간의 흐름을 찾아내자.

우선 쓰고, 인생 작가가 됩니다

물론, 글이 잘 써지는 날도 있고, 하얀 바탕에 커서만 깜박이는 것을 계속 보게 되는 날도 있을 것이다. 이건 지극히 자연스러운 일이다. 우리도 매일을 살아나가면서 몸의 상태가 아주 좋은 날도 있고 흐린 날도 있고 피곤한 날도 있고 아픈 날도 있지 않은가.

책 쓰기는 아웃풋을 만들어 나가는 일인데, 그 아웃풋이 매일 똑같이 잘 나올 수는 없다. 우리는 기계가 아니고, AI 머신이 아니다. 그러니 오늘 하루 결과물이 신통치 않다고 실망하지 말자. 당연히 그럴 수 있다. 글이 잘 안 써질 때는 워밍업으로 필사하거나, 아니면 참고 도서의 글을 읽고 사례를 뽑아보자. 되도록 책 쓰는 시간을 항상 같은 시간으로 유지하되, 그 시간은 책 쓰기를 위한 무엇인가를 꼭 하면 된다.

정말 글이 안 써질 때는 흰 화면에 번쩍거리는 커서를 보며 멍하게 있지 말고, 딱 한 단어만 써보자. 집필과 관련된 단어가 아닌 거 같아도 일단 써라. 그리고 그 단어에 대한 설명이나 묘사를 써 나가 보는 거다. 이건 책 쓰기를 위한 혹은 글쓰기를 위한 흐름을 만드는 방법이니, 글이 정말 안 써진다, 뭘 써야 하는지 모르겠다 싶을 때는 꼭 사용해 보길 바란다.

빈 종이에 '한 단어'를 쓰기 시작하면 '한 문장'을 쓸 수 있고, 한 문장에서 이어지는 생각의 흐름으로 '한 단락'을 쓰기 쉬워진다. 그렇게 쓰다 보면 A4 한 장은 거뜬하게 이어질 수 있다.

이 작가를 믿고 속는 셈 치고 한번 해보자. 글을 열어나가는 자신만의 방법들은 글을 매일 쓰다 보면 자연스럽게 생기기 마련이다.

자신이 좋아하는 책을 곁에 항상 두고, 글이 안 써질 때는 필사를 해보는 것도 좋다. 필사하다 보면 다시금 자신의 글을 쓸 용기가 생긴다.

중요한 점은 그 어떤 순간에도 책 쓰기를 포기하지 않는 것이다. 쓰기가 잘 안돼서 마음이 심란한 건 단시 일시적인 감정이고, 잠시 잠깐의 우울일 수 있다. 그 감정들은 그저 흘러가도록 내려놓으면 된다. 잠시 잠깐 지나가는 감정이 휘몰아친다고 자신의 소중한 시간을 날려버리지 말자.

초고 쓰기는 딱 40일만 집중하면 된다. 1년 365일 중에 40일은 고작 한 달 하고도 10일 남짓이다. 즉 1년 중에서도

한 달 정도의 아주 짧은 시간이라는 얘기다. 인생을 살아가
는 날들 중에 40일은 결코 긴 날이 아니다. 빛의 속도처럼
아주 짧은 시간이다. 그러니, 40일만 집중하는 기회를 만들
어 보자. 그 40일이 내 삶의 새로운 문을 열어주는 큰 파도
속으로 데려가 줄 것이다.

꼼꼼히 찬찬히
5회 정독 퇴고하기

초고를 여러 날 동안 부지런히 써서 100~110장을 써냈다면, 두툼하게 인쇄된 원고를 보는 것만으로도 뿌듯할 것이다. 나 역시 내가 쓴 초고 목록들을 인쇄해서 보고 있으면 밥을 먹지 않아도 배부른 느낌이고 내가 이 글을 썼다는 것이 기특하고 무척 자랑스럽다.

초고에 대한 감상을 충분히 누렸다면, 이제는 퇴고를 진행할 시간이다.

'퇴고(推敲)'란 글을 쓸 때 여러 번 생각하여 고치고 다듬는 일을 말한다. 한자로 '밀 퇴(推)'에 '두드릴 고(敲)'라고 쓴다.

'퇴고(推敲)'라는 단어에는 이런 이야기가 숨겨져 있다. 당나라의 시인 가도(賈島)가 친구를 못 만나고 돌아가는 길에

말을 타고 가다가 문득 좋은 시상이 떠올라서 제목을 '이응(李凝)의 유거(幽居)에 제(題)함(이응의 그윽한 거처에 붙인다)'으로 정하고, 다음과 같이 시를 지었다고 한다.

閑居少隣竝(한거소린병) 이웃이 드물어 한적한 집
草徑入荒園(초경입황원) 풀이 자란 좁은 길은 거친 뜰로 이어져 있다
鳥宿池邊樹(조숙지변수) 새는 못 가의 나무에 깃들고
僧敲月下門(승고월하문) 스님이 달 아래 문을 두드린다

가도는 마지막 결구를 '민다 퇴(推)'로 해야 할지, '두드리다 고(敲)'로 해야 할지 이리저리 궁리하며 걸어가다가 고관의 행차와 부딪혔다고 한다. 마침, 그 고관은 당송팔대가(唐宋八大家)이며 대문장가인 한유(韓愈)였다. 가도는 먼저 길을 피하지 못한 까닭을 말하고 사과했다. 한유는 뜻밖에 만난 시인의 말을 듣고 꾸짖기보다 잠시 생각하더니 "내 생각엔 '두드리다'가 좋을 듯하네."라고 말해주어 이들은 둘도 없는 시우(詩友)가 되었다고 한다.

글은 고칠수록 좋아진다. 책 쓰기는 분량이 100매 이상

이기 때문에 여러 번 고치는 데는 당연히 시간이 상당히 걸릴 수밖에 없다. 자신의 노력을 많이 투자해야 하는 일이다.

초고를 다 썼다면 일주일 정도는 원고를 들여다보지 말고 쉬어라. 다음 집필 도서를 물색해 보아도 좋고, 그동안 실컷 못했던 다른 것들을 신나게 해도 좋다. 다만 책 쓰기 루틴이 끊기면 다시 흐름을 잡기가 어려우니, 일주일간은 좋아하는 책의 필사를 하는 것으로 다음 집필을 위해 공부하는 시간을 충분히 가져보자.

보통 네다섯 번 정도 글을 수정하면 글이 더 좋아지고 출판사에서 호감을 느끼는 완성도가 높은 글이 될 수 있다. 네다섯 번 퇴고를 하는 것은 작가에게는 어쩌면 초고를 쓸 때보다도 더 어렵고 괴로운 시간이 될 수 있다. 하지만 누구나 다 할 수 있다. 찬찬히 하면 되고, 꼼꼼히 보면 된다. 책상·의자에 엉덩이를 붙이고 앉아 꾸준히 해 나가다 보면 퇴고도 언젠가는 끝나기 마련이다.

『유혹하는 글쓰기』의 저자인 스티븐 킹도 "첫 번째 초고는 자신을 위한 것이지만, 두 번째부터는 독자를 위한 것이다."라고 했다.

우선 쓰고, 인생 작가가 됩니다

먼저 퇴고를 할 때는 여러 부분에서 내 글이 책으로 나오는 데 적합한지 꼼꼼히 따져 봐야 한다. 1회차 퇴고에서는 전체적인 책의 흐름을 잡는다. 시간을 들여 내가 쓴 100~110매의 원고를 한 호흡으로 쭉 읽으면서 글의 흐름이 이상하지 않은지, 소재와 사례가 튀는 구간이 없는지 확인해야 한다.

책 제목 · 장 제목 · 꼭지 제목이 전체 맥락 안에서 자연스럽게 연결되는지를 살핀다. 중복되는 내용이 없는지도 꼼꼼히 체크한다. 40꼭지에 걸쳐 같은 사례를 반복해서 쓰지는 않았는지도 확인해 봐야 한다. 중학교 1학년 학생이 읽더라도 글이 쉽게 이해될 수 있을 정도로 쓰였는지 꼼꼼히 보면 좋다.

1회차 퇴고가 숲을 보는 퇴고였다면, 2회차 퇴고는 숲 안의 작은 숲들을 살펴봐야 하는 과정이다. 2회차 퇴고에서는 사례들을 집중적으로 살펴보자. 사례는 내 이야기에 감칠맛을 더하는 풍부한 조미료. 사례를 너무 길게 쓰지는 않았는지 분량을 확인하며 내 글과 어울림의 정도를 검토한다. 마지막 퇴고로 갈수록 최대한 빼기를 해야 한다. 불필요한 것들은 최대한 걷어 내고, 글을 최대한 간결하고 완성도 있게 다듬는 것이 중요하다.

3회차 퇴고는 문단의 단락별로 이상한 부분이 없는지 체크해야 한다. 단락별로 구성된 문단이 어색하지는 않은지 문단과 문단 사이의 연결이 자연스러운가를 파악해 보아야 한다. 특히, 접속사를 많이 사용해서 글을 끌고 나가면, 읽는 사람에게 피로감을 줄 수 있다. 접속사, 접미어는 가능한 한 많이 쓰지 않는 것이 좋다. 연결어는 꼭 필요한 부분을 위해서만 사용한다는 생각을 가지고 글을 다듬자.

4회차 퇴고할 때는 문장을 중심으로 살펴보자. 긴 문장은 분리해서 두 문장으로 나누고, 너무 짧아 이해가 안 되는 문장이 있다면 적당히 살을 붙여주어야 한다. 쭉 읽어 나가면서 글이 술술 읽히는지 살펴보자. 맞춤법, 띄어쓰기 및 문장부호 등 제대로 써야 하는 것들을 갖추었는지에 대한 검토도 꼭 필요하다. 문장부호를 잘 안 쓰거나 문장부호를 남발해서 쓰는 습관이 있을 수 있으니 꼼꼼하게 검토하자. 띄어쓰기나 문장부호는 글을 쓴 자기 눈에는 잘 안 보일 수 있다. 한글이나 워드의 단축키를 이용해서 프로그램 안에서 맞춤법 검사를 해보면 된다. 가족이나 가장 가까운 지인에

우선 쓰고, 인생 작가가 됩니다

게 보여줄 수 있다면 다른 사람에게 맞춤법 검토를 부탁하는 것도 방법이다.

5회차 퇴고에서는 집필이 완성되었다. 책 제목과 저자가 첫 장에 들어가 있고, 목차가 제대로 올라가 있는지 살핀다. 목차에 있는 장 제목·꼭지 제목이 글의 장 제목·꼭지 제목과 일치되었는지, 오타가 없는지 꼼꼼하게 확인하면 된다.

이렇게 공들여 쓴 초고를 5회차 퇴고했다면 탈고할 시기다. 이제 출판사에 투고할 준비가 완료된 것이다. 드디어, 내가 쓴 글이 세상을 향해 나아갈 준비를 끝냈다.

출판사 투고 및
출판계약 검토하기

출판사에 투고하기 위해서는 내가 쓴 책에 대한 소개와 작가 소개가 필요하다. 출판사 투고 시에는 작가 자신의 매력을 보일 수 있는 내용을 충분히 써야 한다. 작가가 살아온 인생 바이오 그래피라고 할 수 있는데 중요한 것은 내가 해왔던 모든 일을 나열하는 게 아니다. 내가 해 온 일 중에서 이 책의 출간 기획서와 연관된 부분의 중요한 활동, 수상, 실적 혹은 자신만이 가지고 있는 고유한 전문성이나 능력을 충분히 표현해야 한다.

남들과 차별화되는 자신만의 퍼스널브랜딩 정체성을 정확하게 보여줄 수 있으면 가장 좋다. 일이나 업무가 아니더라도 자신만이 할 수 있는 그 어떤 것들을 쌓아온 비결이 있다면 그것들을 출판사에 매력적으로 강조하면 좋다.

우선 쓰고, 인생 작가가 됩니다

작가 프로필은 출판사에서 출간을 위해서도 많이 보는 영역이기 때문에 꼭 같이 기재해야 한다. SNS 플랫폼에 매크로·마이크로·나노 인플루언서라 팔로워나 구독자가 많다면 출판사 마케팅에 도움을 줄 수 있다는 내용으로 충분히 피력할 수도 있다.

출간 기획서와 작가 소개가 다 준비되었다면, 이제 출판사 메일이나 출판사 투고 양식을 통해 자신의 원고를 투고하면 된다. 출판사별로 다른데, 메일로 투고를 받는 곳도 있고 출판사 형식에 맞추어서 홈페이지에 원고를 올려야 하는 경우도 있다.

보통 출판사에 투고하면 2주에서 한 달 정도는 시간이 걸릴 수 있다. 원고의 매력도와 완성도에 따라 출판사에서 빨리 연락이 오는 경우는 2주 전후일 수 있다. 출판사 내부 사정에 의해 월별로 출간될 책들이 이미 정해져 있는 경우들이 많기 때문에 새로운 원고 검토에 시간이 더 걸릴 수 있다. 출판사 내부에서 꼼꼼한 리뷰와 검토를 거쳐서 한 달 정도 시간이 걸리는 출판사도 있으니 넉넉한 시간을 가지고 투고하면 좋다. 출판사별로 작품을 고르는 시선이나 안목이 전부 다 다르다. 되도록 자신의 원고 성격과 맞는 책을 주로 출간하는 출판사를 선택해서 투고하는 것이 승률을 높일 수 있다.

출판사 투고에서 가장 중요한 점은 자신이 쓴 책의 상품 가치를 입증해야 하는 점이다.

내 원고가 독자에게 어떤 매력을 줄 수 있는지, 그리고 실제 구매로 이어지게 만드는 결정적인 요인이 무엇인지를 분명히 어필해야 한다.

작가도 책이 출간된 후에 책 홍보를 위해 다양한 활동이 필요하다. 영화를 찍고 난 배우들이 영화가 극장에 걸리면 방송에서, 유튜브에서, 오프라인에서 전국을 돌면서 상영을 시작한 영화 홍보를 하는 것과 비슷하다고 생각하면 된다. 책 출간과 더불어 작가가 어떤 활동들을 적극적으로 할 수 있는지 출판사와 윈윈해서 할 수 있는 활동들이 있는지에 관해 미리 계획한 내용을 쓸 수 있다면 더 좋다.

출판사는 많은 책들을 한 해에 출간하기 때문에 스타 작가가 아니고서는 출판사 자원을 전부 다 투여할 수가 없다. 작가가 적극적으로 출간 도서 마케팅에 도움을 준다면 그 작가의 원고를 더 관심을 가지고 읽어보게 된다. 그러니, 기존의 출간된 책이 없더라도 주눅 들지 말고, 책이 출간된 이후 내가 할 수 있는 적극적 활동들에 대한 전략적 계획들을 미리 만들어 놓자.

투고한 이후에는 SNS 채널이 없거나 미미한 사람이라면 블로그, 인스타그램, 페이스북, 틱톡, 유튜브 등 자신의 계정을 오픈해서 하나씩 콘텐츠를 채워나가며 팔로워 수를 늘려보자. 퍼스널브랜딩이란 자신의 영향력을 알리는 일이니, 자신이 쓴 책과 함께 어떤 사람으로 포지셔닝될 것인가에 대한 이야기를 출판사 투고 메일에 같이 쓰면 금상첨화다. 책을 쓰고 투고할 시기가 되면, 변화하는 자신의 모습을 어떤 위치에 가져다 둘 것인지에 대한 그림을 미리 준비해보자.

지금 하는 일에서 '작가'라는 타이틀이 하나 더 생기고, '강연'이라는 업도 생길 수 있으며, 자신이 쓴 책을 가지고 '교육'을 할 수도 있고, '코칭'과 '컨설팅'도 할 수 있다.

미리미리 준비된 자에게는 기회가 온다는 것을 꼭 기억하자. 기회의 신은 순식간에 사라져 버리기 때문에 우리는 미리 책이 출간되기 전부터 꼼꼼하게 준비해 두자.

투고한 이후에는 마음을 편히 가지고 다음 집필할 책에 대한 생각들을 하는 것이 좋다.

투고하고 나서 불안한 마음과 걱정으로 지새울 필요가 전혀 없다. 반가운 계약 메일도 올 수 있고, 거절 메일도 올 수 있다. 나와 결이 맞는 출판사를 찾아가는 길이기 때문에 출판사의 거절에 일희일비할 필요가 없다.

『해리포터』를 쓴 조앤 롤링도 열두 번의 출판사 거절을 받고, 열세 번째 가장 작은 출판사에서 출간했지만, 그 이후는 우리가 너무 잘 아는 어마어마한 결과로 돌아왔다.

그 어떤 외부적 상황에 흔들리지 말고, 천천히 가면 된다. 이제 작가로서 첫발을 떼놓고, 첫술부터 배부르기를 바란다면 그건 너무 큰 욕심이다.

내 책을 읽을 독자를 생각하며 원고를 정성 들여 썼다면 결과는 내려놓자. 출판사에서 계약 관련 메일이 온다면 너무 기쁜 일이지만 냉정하게 그 출판사에서 나오는 책들을 살펴보고 출간 계약 조건 역시 꼼꼼하게 살펴보는 것도 아주 중요하다. 출간 계약서는 엄연히 법적 문서이고, 계약된 문서는 법적 효력을 가지기 때문이다.

우선 쓰고, 인생 작가가 됩니다

출판사에서는 공통으로 쓰는 출판계약서가 있다. 보통 출판 계약 기간은 5년으로 되어 있고, 특별히 해지 요청을 하지 않는 경우 자동 연장으로 되어 있다. 출판 갱신권과 해지 사항에 관해 확인하는 것이 필요하다.

인세는 통상적으로 6~10% 사이인데, 출판 계약 시에 선인세를 지급하는 곳도 있다. 인세 지급 시기는 출판사별로 다 다르며 1쇄를 넘겨 추가 인쇄를 거듭할 시 지급 기준도 다를 수 있다. 보통 반기별(상반기, 하반기) 정산하거나 분기별(3, 6, 9, 12월)로 정산하는 곳도 있으니, 지급 조건은 꼼꼼히 확인해 두자. 출간 후에 2차 저작물로의 활용이 예상된다면 2차 저작물 활용 시 수익 분배 조항 역시 자세히 살펴보아야 한다. 출판 갱신권이라든지 계약 해지 사항, 특약 사항도 꼼꼼히 챙겨보길 추천한다.

가장 중요한 것은 내 원고에 대해 열정적으로 이야기하며, 관심과 애정을 가지고 책 출간을 이야기하는 적극적인 출판사와 계약하는 것임을 잊지 말자.

대형 출판사와 계약해서 출간된 나의 책이 관심을 덜 받는 아이가 되는 것보다, 규모가 작더라도 나와 결이 맞는 출판사와 계약해서 내 책을 같이 빛내주는 출판사가 훨씬 더 좋다.

　담당자가 애정을 가지고 있어야 내가 힘들여 쓴 원고가 책으로 반짝반짝 빛날 수 있다. 나와 결이 맞는 출판사는 향후 지속적으로 책 출간을 할 수도 있으니, 출판사의 규모에만 목을 매지 말자.

우선 쓰고, 인생 작가가 됩니다

출판사에서 거절된
원고 리브랜딩하기

투고를 하고 3주 이상을 기다렸는데도 출판사에서 도통 연락이 오지 않는다면, 책을 투고한 시기를 한번 점검해 볼 필요가 있다. 휴가철, 명절, 연말연시 혹은 큰 사회적 이슈가 있을 때 시기를 잘못 선택했을 수도 있다. 그러나 한 달이 되도록 기다렸는데도 연락이 없다면 투고 시 보냈던 투고 메일, 출간 기획서, 원고 모두를 전면적으로 수정해야 한다.

내가 보냈던 모든 출판사에서 투고 원고가 거절당하는 경험을 하게 되면 작가로서 마음이 무너질 수 있다. 내가 시간과 정성을 들여서 한 자 한 자 써 내려간 원고가 투고했던 모든 출판사에서 거절당했다는 것에 마음이 많이 무거울 수 있고 좌절할 수 있다.

하지만 여기에 주눅 들지 말자. 내 책과 결이 안 맞는 출판사나 대형 출판사 위주로 투고를 했을 수 있다.

'나'라는 작가는 처음 투고를 해보았다. 즉 처음으로 '작가'라는 직업에 한 발을 내디뎠다는 이야기다. '나'라는 사람이 만약 방송에 잘 알려진 혹은 SNS에서 유명한 인플루언서라면 좀 더 쉬울 수 있겠지만 검증이 안 된 사람이라면 당연한 일일 수 있다. 출판사의 거절이 나에 대한 거절이라 확대 해석하여, 집필을 그만두거나 좌절하지 않았으면 좋겠다. 나와 결이 맞는 출판사를 아직 찾지 못했고, 해당 출판사에 아직 투고 메일을 보내지 않았을 뿐이다.

세상에 없던 상품이 세상 밖으로 나올 때 사람들은 아무도 그 상품이 생겼는지조차 모르는 경우가 허다하다. 새로운 상품을 알게 하려고 '브랜드'라는 옷을 입히게 된다. 브랜드 네이밍과 디자인으로 입혀진 예쁜 옷을 입은 그 브랜드 역시 세상에 나온 건 처음이기 때문에 알려지는 시간이 반드시 필요하다. 우리가 너무 잘 아는 브랜드인 '햇반'도 처음 출시했을 때 '냉동 밥을 누가 먹어?' 할 정도로 사람들이 외면하던 브랜드였다.

기업들은 신생 브랜드를 론칭하면 대략 3년 정도는 지켜본다. 듣보잡이었던 새로운 브랜드가 세상에 나와 3년이 다 되어가도록 사람들의 인지도가 거의 없고, 매출이 오르지 않을 때 기업은 2가지 선택지가 있다. 그 브랜드를 사장시키거나 혹은 그 브랜드를 리뉴얼한다. 브랜드를 새롭게 다시 태어나게 하는 것을 우리는 '리브랜딩'이라고 부른다. 브랜딩 현업에 있다 보면 '리브랜딩'을 해야 하는 경우들이 많이 생긴다. 큰돈을 투자해서 사업을 시작했는데 결과가 미미하거나, 해당 카테고리 마켓에서 1% 점유도 못 하는 상황들이 종종 발생한다. 이럴 경우는 브랜딩 에이전시라는 전문 회사의 도움을 받아 새로운 상태로 리브랜딩을 최적화시킨다. 리브랜딩한 후 유통이나 영업 네트워크가 힘 있게 받쳐준다면 매출은 가파르게 올라갈 수 있고, 그렇게 리브랜딩으로 성공한 브랜드들은 셀 수 없이 많다.

책을 내는 방법은 여러 가지가 있다.

가장 좋은 방법은 책이 꾸준히 나오는 출판사에서 상품 가치를 인정받아 종이책으로 나오는 것이 1번이다. 출판사의 신뢰도가 담긴 책을 출간하고 싶기에 우리는 인고의 과정을 거쳐서 '집필'을 계속하게 되는 것이기도 하다.

이제 우리는 이미 쓴 원고를 어떻게 리브랜딩할지에 관한 방법을 생각해 봐야 한다.

먼저 내가 쓴 원고를 분해해서 어떤 문제점이 있는지를 파악해 보는 방법이 있다. 혹 거절 메일 중에 친절하게 피드백을 보내준 출판사 담당자가 있다면 그 조언을 참고해 볼 수도 있다. 그러나 그런 친절함이 없었다면 스스로 원고를 분석해 봐야 한다.

오프라인 서점에 나가자. 되도록 큰 서점에 가서 한 바퀴를 돌면서 해당 주제별로 어떤 제목들의 책이 매대에 나와 있는지 흐름을 살펴라. 그리고 맘에 드는 제목이 있다면 메모하고 사진 찍고, 기록해라.

책은 온라인 오프라인 서점에서 읽을 독자가 있는 엄연한 상품이다. 내가 책을 살 정도로 나의 집필 원고의 제목이 타깃 독자들에게 매력적인지 생각해 봐야 한다. 그리고 요즘 트렌드에서 벗어난 제목이 아닌지도 생각해 보자.

그리고 집에 돌아와서 그 제목들을 쭉 A4 빈 종이에 써두고, 다른 A4 빈 종이에 내가 집필한 저서의 제목을 써두고 둘을 비교해 보자. 어떤 차이가 느껴지는가?

제목에서부터 난관이 보인다면, 서점에서 오늘 본 책의

제목들, 그리고 온라인 서점에서 수집한 제목들을 두고 비교해 보고, 모방해 보고 따라 써보자.

200개의 제목을 새로 다시 만들어서 그중에 맘에 드는 것을 2개만 남기도 나머지는 다 버리자. 그리고 다시 200개의 제목을 똑같은 과정으로 다시 만들어서 가장 맘에 드는 것을 2개만 남기고 나머지는 다 버리자. 이렇게 세 번만 반복해서 나온 6개의 제목 중에서 가장 마음에 드는 것으로 추리자. 제목 리브랜딩은 이런 반복의 과정을 거치게 되면 좋은 제목을 뽑아낼 수 있다.

이제 책 제목을 변경했으니, 기존에 만들어 놓은 장 제목들이 다 이상하게 안 어울릴 것이다. 그러면 다시 책 제목과 어울리는 장 제목으로 구성을 바꾸어보자. 장 구성 방식을 꼭 문제 제기·문제점 도출·해법·마무리 순서대로만 해야 하는 것은 아니다. 주제별이 될 수도 있고, 테마별로 구분될 수도 있다. 장 제목의 가능성은 무궁무진하다. 그러니, 책 제목에 맞는 장 제목으로 다시 책의 구성을 변경해보자. 에디터나 큐레이터가 되어 목차 구성의 변화를 주어도 좋다.

책 제목·장 제목·꼭지 제목에 대한 리브랜딩이 끝났다. 그렇다면 출간 기획서를 살펴보자. 바뀐 책의 구성에 따라 책의 내용에 대한 설명 역시 변경이 필요할 것이다. 책 제목, 장 제목, 꼭지 제목을 다 변경하고 집필한 원고를 다시 읽어보자. 훨씬 더 나아졌는가? 아니면 아직도 수정할 부분이 보이는가?

글은 다듬을수록 더욱 좋아진다. 인내심을 가지고 다시 수정하자. 우리가 잘 아는 셰익스피어 이후 최고의 극작가 조지 버나드 쇼도 일곱 번 원고를 탈고했다고 한다.

퇴고를 두세 번 더 추가해서 원고 수정을 끝내고 탈고를 마쳤다면 다시 투고 메일을 써보자. 기존과 싹 달라진 내용으로 투고 메일을 다시 작성하고, 출간 기획서를 첨부하고, 자신에 대한 프로필과 소개를 바꿔보자. SNS도 더 많이 채워졌을 테니 자신 있는 채널을 함께 소개하자. 그런 후에 투고를 한 번 더 시도해 보자. 두 번째 투고를 다시 진행했고, 그 이후 3주 이상을 기다려보았는데도 연락이 없을 수 있다.

이 경우에는 책 쓰기 코치의 컨설팅을 받는 방법을 추천한다. 원고의 어떤 부분이 잘못되었는지를 파악하기 어렵다

우선 쓰고, 인생 작가가 됩니다

면, 나의 원고를 객관적인 시선으로 바라봐주고 제대로 된 피드백을 줄 수 있는 책 쓰기 코치를 찾아보자.

객관적으로 자신의 글을 읽어봐 주고 피드백해줄 사람을 찾으면 좋다. 책 쓰기 코치를 만나서 원고 피드백을 받은 후 수정해서 투고에 성공한 사례는 많다. 그러니, 어렵게 쓴 원고를 쉽게 포기하지는 말자.

그리고 출간 방법을 바꿀 수도 있다.

책을 출간하는 방법은 정말 다양하니 여러 가지 중에 자신이 선택할 수 있다. 전자책으로 전환해서 스스로 책을 온라인 서점에 올리는 방법을 선택할 수 있다. 전자책으로 출간하는 경우 보통 강의와 함께 묶어서 패키징을 하는 방법도 있다. 혹은 자비출판 하는 출판사와 함께 내가 원하는 방식으로 책을 만들어 출간할 수도 있다.

와디즈나 텀블벅에서 펀딩으로 책 소개를 해서 책을 출간하는 방법도 있다. 그러니, 공식적인 출판사 채널을 통해 투고가 성사되지 않았다고 인생이 끝날 것처럼 슬퍼하지 말자. 위기는 곧 기회인 법이니 다른 방법을 찾아가면 된다.

이가 없으면 잇몸이 있고, A가 아니면 B, C, D가 있다.

한 길만 있는 것이 아니니 좌절하지 말고, 실망하지 말자. 집필된 원고의 잘못이 아니다.

원고를 포장하는 기술이 조금 미비했을 뿐이니. 원고를 포기하지 않고, 다시 수정에 수정을 거듭한다면 길은 반드시 열린다.

우선 쓰고, 인생 작가가 됩니다

4장

알려지는
퍼스널브랜딩
실행 전략 ┃

First, Write — Become the Author of Your Life

First, Write — Become the Author of Your Life

책이 출간된 후에 오는
'작가' 타이틀

책이 출간되는 기쁨은 이루 말할 수 없다. 특히 첫 책이
세상에 나오는 기쁨은 첫아이가 세상에 태어나는 것과 흡사
한 수준의 행복감을 안겨 준다.

내가 쓴 글이 독자들에게 도움이 되었으면 하는 간절한
마음을 가지고 책을 써 내려간다. 6개월에서 1년이 넘는 시
간 동안 공을 들여 쓰고, 고치고, 다듬고를 반복해서 투고
한다. 출판사에서 책을 멋지게 만들어 주시는 2~3달 동안
기다림의 시간을 보내고 나면 그다음에 가슴 뛰며 만날 수
있는 것이 바로 나의 책이다.

그런 설렘을 가지고 책을 기다리고, 책을 만나고, 책이 나
오게 되면 주변 사람들에게 많은 축하를 받는다.

책이 세상에 나오면 사람들에게 많이 알려진다. 저자 강연회에서 책을 토대로 자신의 경험과 배움에 관해 이야기할 시간이 생기고, 칼럼 요청이 들어오고, 또 강연 요청이 들어오기도 한다.

평범하기 그지없었던 자신의 일상에 '저서'라는 챕터가 들어오면서 '작가'로 나의 포지셔닝이 바뀐다. 주변에 작가들이 많지 않기 때문에 '작가'라는 타이틀은 희소성 있고 귀하다. 작가가 되기 위해서 겪어내야 하는 인고의 시간이 분명히 있고, 그걸 넘어선 사람에게 부여되는 타이틀이 '작가'이기 때문에 사람들의 존경을 받을 수 있는 것이다.

글을 쓰는 사람의 영향력이 커지는 시기는 바로 자신이 쓴 저서의 스토리가 알려지는 순간이다.

작가가 되고 나면, 독자들에게 종종 감사 편지와 독자 편지를 받는다.

좋은 책을 써줘서 고맙다. 작가님의 책을 읽고 내 삶이 이렇게 변하기 시작했다. 이런 변화를 만들 수 있게 결심하게 해줘서 고맙다 등등 작가에 대한 고마움을 표현하는 글들을 받아볼 수 있다. 독자들의 감사 편지는 책 쓰기를 하는 동안 겪었던 내적 갈등과 힘겨움을 한순간에 녹일 만큼 감동의 순간들이 된다. 내가 쓴 글에 공감하는 독자의 진정성 있는 마음은 정말 작가에게는 큰 위로이자 축복이 된다. 그리고 다음 책을 쓸 용기가 된다.

작가가 되면 '네이버'에 작가로 인물 등록을 할 수 있다.
우리 아이들은 내 첫 책이 나왔을 때 교보문고 저자 강연회에 왔었다. 딸이 초등학교 1학년, 아들이 여섯 살 때였는데, 아직도 그 이야기를 가끔 하곤 한다. 우리 아들의 초등학교 내내 자랑은 '네이버에 우리 엄마 이름 치면 나온다'였다.
초록 창에 엄마 이름을 치면 엄마가 나오는 게 아들에게는 가장 신기했고, 엄마가 가장 큰 사람으로 보였기 때문에 친구들하고 툭닥거리를 하다가도

"야, 네이버에 너희 엄마 나와?"
"우리 엄마 네이버에 치면 나와. 봐봐! 우리 엄마다!"
하면 모든 걸 평정할 수 있었다던 아들의 이야기다.
만약 책을 쓰고자 마음먹고 이 글을 읽고 있는 독자님이 부모님이라면 더욱 책 쓰기를 권한다. 주변에 작가는 많지 않고, 작가를 만나기는 일상적으로 쉽지 않기 때문에 엄마나 아빠가 작가라는 것은 아이들에게 큰 자랑이 된다. 그리

고 좋은 점은 아이들이 '작가'라는 직업을 가깝게 느낄 수 있다는 점이다. 엄마 아빠가 작가라면 아이들은 작가라는 직업을 만만하게 여겨, 작가에 대한 심리적 장벽이 낮아진다. 작가는 본업이 있더라도 충분히 겸업이 가능한 직업이기도 하다.

『어떻게 나를 차별화할 것인가』라는 책을 통해 나는 다양한 직업군의 사람들을 만났다.

청년층을 만나서 퍼스널브랜딩 차별화에 관한 이야기를 나눈 적도 있으며, 군부대에 가서 책을 주제로 제대 이후의 삶에 관해서 이야기를 해본 적도 있다. 그리고 창업가, 일반인, 취업을 준비하는 학생들 그리고 기업인들 등등 다양한 강연을 통해 자신을 빛나게 하는 방법들에 대해 많은 경험과 이야기를 나눌 수 있었다.

책을 쓰게 되는 과정이 녹록지 않음은 분명하다. 하지만, 누구나 충분히 할 수 있다. 목표를 정하고, 일정한 시간을 할애해서 꾸준히 하다 보면 결과물을 만들어 낼 수 있다. 그리고 요즘은 온라인 오프라인 강연들이 잘 되어 있고, 책 쓰기를 배우고자 마음먹는다면 배울 기회 역시 많다. 혼자서

우선 쓰고, 인생 작가가 됩니다

2~3년 걸릴 책 쓰기를, 좋은 책 쓰기 코치의 도움을 받는다면 1년 안으로 시간을 단축할 수도 있다. 책 쓰는 방법은 의지만 있다면 선택의 문제다. 생각의 문제가 아니라, 행동의 결정이기 때문이다.

책 쓰기를 한 번 해내고 나면 자존감이 대폭 상승한다. 내가 가졌던 어렸을 적의 트라우마, 혹은 현실에서 마주하기 힘들었던 순간들을 치유하고 나를 더 많이 사랑할 수 있다. 그리고 내가 해냈다는 성취감뿐만 아니라 내가 성장했다는 것을 확연하게 깨닫게 된다. 나의 책을 읽는 독자들 역시 함께 성장시킬 수 있다. 이런 확신에 찬 감정들이 책에서 고스란히 전달되고 이를 통해 독자들은 위로와 감동을 받고 또 하루를 잘 살아갈 용기를 얻는다.

나는 "책 한 권이 누군가의 인생을 바꾸어 줄 수 있다."는 말을 강하게 믿는다.

나 역시 앞이 보이지 않아 혼란스러웠던 20대의 그 시기를 구본형 작가님의 『사자같이 젊은 놈들』이라는 책에서 위로와 용기를 얻었고 다시 나아갈 힘을 얻었었다. 나는 커리어 우먼의 꿈을 김진애 작가님의 『나의 테마는 사람 나의 프로젝트는 세계』, 『새로운 종의 여자 메타우먼』을 읽으면서 20대부터 키워왔다. 내가 김진애 선생님의 책들에서 전문성 있는 커리어의 중요성을 알게 되어 커리어의 꿈을 키워왔듯이, 지금 쓰는 이 책이 누군가에게 큰 용기와 희망을 줄 수 있다는 사실을 믿으면 된다.

그러니, 쓰는 일에 더 정성 들여 마음을 담아 진실하게 써라.

읽는 독자는 쓰는 작가의 마음을 너무나 잘 읽어낼 수 있다. 그리고 책의 진정성이 사라지고 거짓이 보이는 순간 그 책은 바로 덮이고야 만다.

우리 내면에는 무궁무진한 재료와 힘이 있다. 책 쓰기가 서툴러서, 처음이라 어색하고 힘들어서, 밑바닥에서 박박 기는 어려움이 있더라도, 그 순간을 잘 버티어내고 나면 그 뒤에는 고속도로가 펼쳐진다. 작가인 나를 혹은 작가를 만들어주는 나를 믿고 꾸준히 써 나가라. 스스로가 채워나가는 100페이지 4만 자 속에 새로운 인생을 펼칠 씨앗을 가득 심을 수 있다. 보잘것없던 씨앗에 불과했던 도토리들이 출간될 무렵에는 무럭무럭 자라 어린 참나무가 되어 있을 것이다. 한 페이지 한 페이지 써 내려가는 당신의 글 속에 수많은 씨앗이 담겨 있고, 그 씨앗은 독자들을 만나 꽃이 되고 열매가 되고 아름드리 큰 나무가 될 수 있다. 그 안에 담긴 가능성을 절대 의심하지 말고, 걱정과 두려움을 내려놓고 우선 쓰는 데만 집중하자.

우리가 할 일은 그것뿐이다. 100~110장을 완성해 내는 것. 그것만 하면 된다.

그러니, 오늘도 우리 함께 쓰자. 우선 쓰기 시작하면 작가의 꿈은 이루어진다. 쓰다가 지치면, 읽으면 된다. 읽다가 심심하면 또 쓰면 된다. 읽고 쓰는 것은 한 세트이니 둘을 분리하지 말고, 읽었다면 쓰고, 쓰고 나면 읽는 것을 하나의 흐름으로 만들자.

성공하는 인생은 모두 다 과학적이고 좋은 습관에서부터 나온다. 자동으로 하게 되는 습관이야말로 당신의 인생을 바꾸어 줄 수 있는 가장 작은 팁이자 가장 훌륭한 선생이 될 터이니, 오늘부터 맘먹고 쓰면 된다. 당신의 첫 책이 나오는 그날까지 건투를 빈다.

당신의 삶을 이끄는 것은 오직 당신 자신이다. 그 누구도 대신해 줄 수 없다.

우선 쓰고, 인생 작가가 됩니다

책이 출간되면
저절로 알려지나요

    TVN 교양프로그램 〈알쓸인잡〉 MC였던 BTS의 리더 RM (김남준)이 읽는 도서가 SNS에서 화제가 된 적이 있었다. 싱어송라이터인 RM의 여운을 남기는 섬세한 가사들을 보면 지적인 깊이를 충분히 미루어 짐작해 볼 수가 있다. 그리고 RM의 책장은 미국 리더스 사이트에 소개되어 있을 정도로 그가 읽는 책은 항상 이슈를 몰고 다닌다.

    "책은 24시간 잠들지 않는다."

    책은 아날로그적 물성이 있다. 눈으로 읽어야 하고, 책장을 넘겨야 한다.
    책 표지의 첫인상, 책의 두께, 책 표지의 질감과 광택, 그리고 편집된 레이아웃, 그리고 책 표지 위의 띠지, 책 뒷면의 글귀, 종이의 질감과 책을 넘길 때의 소리, 책 냄새 등 책을 이루는 요소는 무한히 많다. 그 많은 요소가 우리가 책을 구매하게 하는 유혹의 매개체가 된다.

나는 책이나 활자로 된 것에 대한 편견이 없는 사람이다. 동화책 · 만화책 · 잡지 · 신문 · 무가지 등 모든 읽을거리를 좋아하고 옆에 있으면 무의식적으로 집어 드는 사람 중 하나이다. 그럼에도 책을 고를 때는 역시 책 표지가 인상적이고, 책 제목이 매력적으로 나를 이끈다면 주저 없이 집어 든다. 목차가 훌륭하고, 책의 질감마저 좋다면 소장하고 싶은 책으로 구매하는 때도 많다. 특히 일러스트가 좋은 책들은 특히나 더 오래오래 보관하게 되고 수집하게 되는 경향이 있다.

나는 해외여행을 가면 그 나라의 서점과 미술관은 꼭 방문한다. 여행 기념으로 그 나라 언어로 쓰인 책을 꼭 사 온다. 그 나라 언어를 읽지 못하더라도 그 나라를 방문한 기념이라고 해야 할까. 나에게는 그런 소소한 수집벽이 있다.

책은 스스로 알려질 수 있는 몇 안 되는 물건에 포함된다. 책은 도서관에서 우연히 만날 수도 있고, 헌책방에서도 우연히 만날 수도 있다. 책은 지하철에서도 우연히 혹은 운명적으로 만나질 수 있는 존재다.

자기 계발 카테고리에서 '유인력(끌어당기는 힘)'에 대해 이야기할 때, 자신이 원하는 바가 있다면 관련된 책이 필요한 사람의 눈앞에 아주 자연스럽게 나타난다고 한다.

서점에서 원하는 책이 우연히 내 앞에 떨어지거나 혹은 누군가가 나에게 선물로 주거나 등등의 아주 소소한 일을 통해서 어떻게든 그 책이 나에게 오게 된다고 한다. 나 역시 자주 겪는 일이기도 하다. 보통 1가지 주제에 몰입해 있을 때 필요한 책들이나 주제와 관련된 책들이 내 눈앞에 자주 나타난다. 온라인 오프라인 상관없이 필요할 시기쯤에 딱 나타나서 무척이나 반가워하게 되는 경험을 많이 해보았다.

『시크릿』으로 전 세계를 들썩거리게 했던 작가 론다 번 역시 간절한 열망을 두고 있을 때 그 책이 자신 앞에 나타났다고 쓸 만큼, 책은 발이 달리진 않았지만 이동이 쉬운 존재이기도 하다.

'책이 출간되면 저절로 알려지나요?'라는 질문을 받은 적이 있다. 절반은 맞고 절반은 아니다.

책이 출간된다는 것은 출판사에서 책으로서의 상품 가치를 인정했다는 뜻이다. 출판사에서는 출간 전후로 책의 마케팅을 위해 온라인 오프라인에서 많은 준비를 했을 것이다. 오프라인 서점에도 좋은 매대 자리에 신상품을 노출하기 위해 다양한 전략을 구사할 것이다. 그렇기 때문에 책이 출간되면 출판사의 노력으로 인해 저절로 알려지기도 한다.

그러나 출판사에서 출간되는 책은 여러 카테고리의 다양한 책들이 있다. 한 책에만 집중해서 출판사가 가진 리소스를 다 쏟아부을 수는 없는 것이 현실이다. 자신의 책이 출간되는 작가가 출판사 마케팅과 함께 마중물을 부어줄 경우 책의 영향력은 더 멀리 더 많이 더 오래 지속될 수 있다. 소셜 플랫폼에서 영향력을 가진 작가들은 일정 판매량이 확보될 수 있기 때문에 출판사들이 더 좋아하기도 한다.

첫 출간인 작가의 경우 마케팅에 도움이 되는 작가 강연회, 저자 사인회, 출판 기념회, 북 콘서트 등등 다양한 활동을 많이 해서 책이 출간된 것을 많이 알려야 한다. SNS 활동이 활발할수록 출판사와 함께 윈윈하는 시너지 효과를 낼수 있다.

우선 쓰고, 인생 작가가 됩니다

작가는 자신의 퍼스널브랜딩 활동을 위해 더 많이 부지런해져야 한다. 자신의 책을 홍보하는 것을 부끄러워하지 말고, 당당하게 더 많은 매체에서 활동하자. 더 좋은 기회가 자신에게 찾아올 수 있다. 힘들게 쓴 책을 홍보하는데 주눅 들어 쭈뼛거릴 필요가 없다. 더 자신 있고 당당하게 널리 알리자. 자신의 도움이 필요한 독자가 언제 어디에 있을지 모른다. 작가의 메시지가 명확하게 담겨 있는 책들은 오지 산간에서도 독자를 만들고 독자의 인생을 구할 수 있다.

책 쓰기에서 시작되는
퍼스널브랜딩

"나는 성공한 사람보다는 가치 있는 사람이 되기 위해 노력한다."

라고 말했던 아인슈타인의 말을 되짚어보자.

퍼스널브랜딩은 자신만의 유일한 강점을 바탕으로 차별화된 가치를 입증해 내는 과정이다. 자신의 명확한 아이덴티티(정체성)를 개성 있게 만들어 가는 과정이 퍼스널브랜딩이다.

퍼스널브랜딩이 잘되어 우리가 이름만 대면 알 수 있는 익히 알려진 유명인이나 셀럽들은 그 사람들의 말 한마디 한마디에 영향력이 생긴다. 셀럽들을 추앙하고 존경하는 그 사람들의 팬클럽이 생겨난다. 그 사람의 빛나는 가치를 부러 위하고 동경하는 일반인들에게 많은 영향을 주기 때문이다.

퍼스널브랜딩은 내가 살아온 경험을 바탕으로 이루어 놓은 나의 개성(아이덴티티)을 세상에 드러나게 하는 약속이며, 사람들과의 '관계'를 구축해 나가는 일련의 과정이다. 퍼스널브랜딩을 잘하려면 먼저 자신의 가치를 입증해야 한다. 일반인들에게 그 사람이 믿을만한 전문성을 가졌다는 것을 어떻게든 입증해야 영향력의 기초가 생긴다.

그중에서 가장 쉽게 신뢰성을 부여할 수 있는 것이 바로 '책 쓰기'이다. 책 쓰기를 하게 되면 자연스럽게 자신의 스토리를 글에 담을 수밖에 없다. 자신이 어떻게 전문성을 발전시키기 위해 노력해 왔는지, 그것을 지켜나가기 위해 어떤 어려움을 극복했는지가 고스란히 드러나게 된다. 그 책을 읽는 독자들은 작가가 극복한 어려운 시간을 이해하고 공감하고 신뢰하게 된다. 그리고 작가의 말에 실린 영향력의 무게를 받아들이게 된다.

"당신의 태도가 인생의 고도를 결정짓는다."
세계적인 동기부여가이자 성공학 세일즈코치인 지그 지글러는 『정상에서 만납시다』를 통해 삶에 대한 태도가 인생의 고도를 결정짓는다고 했다.

퍼스널브랜딩에서 중요한 점은 자신을 어떤 사람이라고 정의를 내렸는가다. 자신에 대한 평가가 스스로에 대한 포지셔닝을 결정한다. 자신의 포지셔닝을 어떤 위치에 데려다 놓았는지 혹은 어떤 위치로 바꾸고자 하는지에 따라 자신의 가치가 달라진다.

전자책이 아무리 많이 나오고, 편찬하기가 쉬워도 종이책 만큼의 신뢰도를 가지기는 어렵다. 전자책은 쉽게 쓸 수 있고, 쉽게 출판할 수 있기에 그 어떤 내용으로도 책을 만들어 낼 수 있다. 종이책은 작가가 고심해서 쓴 내용을 출판사에서 거르고 걸러서 상품성이 있는 원고를 고른다. 출판사에서 여러 사람의 노력과 생각이 모여서 '책'이라는 출간물로 세상에 나오는 일련의 어려운 과정을 반드시 거친다. 종이책이 가지는 그 무게와 영향력은 전자책과 비교할 바가 아니다. 오히려 종이책이 나오고 전자책이 같이 출시되거나 따라 나오는 것이 더욱 자연스럽다.

자신이 하는 일에서 10년을 넘게 버텨 한 번의 강산이 변했고, 일련의 획을 그었다면 반드시 책을 출간하기를 권한다. 업계 안의 사람들만 인정하는 전문성이 아니라, 세상 밖에서 전문가로 인정받고 싶다면 당연히 책을 쓰는 것이 먼저다.

하고 싶은 이야기나 겪어본 경험의 농도와 밀도가 남들과 다르다고 느껴진다면 반드시 책을 쓰자. 평범한 사람이 비범한 사람이 되는 가장 빠른 길은 책을 통해 나의 이야기를 다른 사람들에게 자연스럽게 전하는 것이다. 책은 24시간 잠들지 않는다. 책은 전국을 갈 수 있고 해외도 갈 수 있다.

그러니, 우유부단한 망설임이나 두려움, 불안을 내려놓고 이제 그만 '쓰기'에 집중하자.

1년 뒤의 나는 평범한 사람에서 '저서가 있는 저자 ○○○'으로 불리게 될 것이다. '작가'의 타이틀이 나의 이름 앞뒤에 붙는다면 더 많은 경험의 기회와 마법이 펼쳐질 것이다. 더 이상 쓰는 것을 미루지 말자.

『거장들과의 저녁 만찬』에서 오프라 윈프리는 "이 세상에는 엄청나게 크고 위대한 힘이 있는데 그 근원과 계속해서 자신을 연결시키면 그 위대한 힘이 자신 안에 있던 에너지와 능력들을 이끌어 낸다."라고 말했다.

우리는 우리 자신의 잠재력을 얼마든지 끌어내 깨울 수 있고, 에너지를 증폭시킬 가능성을 충분히 가지고 있다. 그러니 이제 그만 자신의 한계를 내려놓고, 쓰기에만 우선적으로 집중해 보자.

퍼스널브랜딩은 결코 수많은 학위나 커리어 스펙만으로 절대 이루어지지 않는다. 자신만의 이야기가 반드시 있어야 하고, 그 스토리가 널리 알려질수록 유명해지기 마련이다. 퍼스널브랜딩의 기본은 차별화된 스토리텔링이다.

'평범'이라는 알을 깨고 세상 밖으로 나가 보자.

어떤 메시지를 전하는
작가가 되고 싶은가

"좋은 일을 하고 메시지를 나눠라. 자신이 변화를 일으키고 있는지 모르는 동안에도 당신은 변화를 일으키고 있다."

자신이 가진 경험과 지식을 메시지로 만들어 다른 이들에게 전달하는 사람을 브렌든 버처드는 '메신저'라 칭했다.

브렌든 버처드가 말하는 메신저들은 유명하거나 특별한 사람들이 아니라 늘 우리 주위에 있을법한 주변에서 만나지는 보통 사람들이다.

누구나 인생을 살면서 힘든 순간을 겪는다. 어려서부터 가난을 극심하게 겪었던 사람들도 있고, 극심한 교통사고나 자신의 병을 이겨낸 사람들도 있다. 아픈 아이 혹은 아픈 가족을 함께 치유하고자 노력한 사람들도 있을 것이며, 가족의 상실이나 결핍을 통해 성장한 사람들도 있다. 사업 실패를 여러 번 겪으며 다시 구사일생으로 크게 일어선 사람들도 있고, 파산으로 10년이 넘게 부채를 갚고 일어선 사람들도 있다.

인생을 살면서 겪었던 어려운 일들을 극복한 보통 사람들이 경험으로 배운 소중한 교훈들을 나누고자 전하는 사람이 진정한 메신저이다. 다른 사람들에게 소중한 교훈을 알려 그들이 나만큼 힘든 일을 겪게 하지 않도록 돕는 것이 중요하다고 믿는 사람들이 바로 다른 사람의 인생을 바꿔놓게 되는 메신저다.

책을 쓰고 싶다는 생각을 어렴풋이 하기 시작했을 때부터 내가 원하는 것은 간단했다. 내가 10년이 넘게 쌓아온 브랜딩 경험이 누군가에게 도움이 되는 작가가 되고 싶었고, 공신력을 가진 작가가 되고 싶었다.

그런데 막상 책을 쓰려고 하니 혼란스러웠다. 내가 하는 일에 대한 전문 브랜딩 책을 써야 하는지, 나의 삶에 관한 이야기를 풀어내는 에세이를 써야 하는지 선택하기가 어려웠다. 처음에는 가볍게 일상의 이야기들을 쓰기 시작했다.

우선 쓰고, 인생 작가가 됩니다

내가 좋아하는 것들에 대해 다시 돌아보면서 내가 어떤 사람인지에 대해 다시 생각하는 시간을 충분히 가지게 되었다. 내가 좋아하는 것을 책 쓰기 테마를 두고 책을 쓰면서 몇 번을 엎었는지 모르겠다.

첫 번째는 소중한 가족을 주제로 쓰다가 돌아가신 부모님 생각에 너무 슬퍼서 울다 지쳐서 그만두게 되었다. 두 번째는 일에 관련된 업무 주제를 정했다가 글이 너무 딱딱해지고 더 이상 안 써져서 멈추었다. 세 번째는 나에게 중요한 것들로 주제를 바꾸어 글을 쓰기 시작했는데 생각이 정리가 안 되고 중구난방으로 겉돌아서 책 쓰는 것을 멈추었다. 그제야 나는 내가 정말 쓰고 싶고 좋아하는 주제가 무엇인지를 깊이 있게 제대로 들여다보기 시작했다. 결국 책 쓰기 주제는 내가 원하는 것을 제대로 알수록 가장 좋은 선택을 할 수 있었다.

책 쓰기란 무릇 내 경험과 배움을 글로 써 나가야 하는 것인데, 내가 이 책을 통해서 전하고자 하는 메시지가 무엇인지에 대한 기획이나 생각 없이 주제를 선택했던 것이 가장 큰 오류였다. 글이 잘 안 써지는 것은 실상 그 주제가 나에게 그다지 관심 있었던 주제가 아니거나 나에게 잘 맞지 않는 옷이었던 경우가 많았다. 나는 이런 시행착오를 여러 번 겪은 후에 책을 쓰기 위해서는 자기 자신을 스스로 마주 볼 줄 아는 연습이 필요하다는 것을 알게 되었다. 글은 나의 내면을 바깥으로 꺼내놓는 작업이기 때문에 철저하게 나와 노트북 사이에 아무것도 가리는 벽이 없어야 한다. 그래야 솔직한 나의 글이 나올 수 있고 그 솔직하고 진정성 있는 글을 독자가 읽었을 때 저자의 생각이나 감정에 반응하게 된다.

결국 책 쓰기는 '김우선'이란 사람이 어떤 사람인지를 잘 파악하고 객관화해 볼수록 글을 더 쉽게 쓸 수 있는 작업이라는 것을 수많은 시행착오를 겪은 후에 깨닫게 되었다.

나는 글을 집중해서 쓸 때마다 항상 여러 가지 인생의 어려움들이 겹쳐 있는 상황이었다. 남들이 생각할 때는 굉장히 어렵거나 힘든 좌절할 만한 그런 극악한 상황에서 나는 항상 글쓰기에 올인했다. 내 마음을 온전히 책 쓰기에 담아 그것만 생각하면서 몰입한 결과 나는 10년이 지난 지금도 내 책을 읽으면서 '이게 내가 쓴 책이 맞아? 잘 썼네, 잘 썼어.'라고 그 힘겨운 시간을 잘 이겨낸 나에게 칭찬해 주곤 한다.

첫 책을 쓸 때 나의 각오는 오랫동안 사람들에게 읽히는

우선 쓰고, 인생 작가가 됩니다

책을 쓰고 싶었다. 언제 꺼내서 읽게 되더라도 시대를 지나서 울림을 주거나 영감을 줄 수 있는 그런 책을 쓰고 싶은 욕심이 있었다. 나는 지금도 『어떻게 나를 차별화할 것인가』를 다시 읽게 되면 좋은 부분에 밑줄을 긋는다. 나는 내가 이 책을 포기하지 않고 썼다는 게 여전히 자랑스럽다.

책 쓰기를 할 때 어떤 핵심 메시지를 선 굵게 가져갈 것인가는 무척 중요하다. 작가가 전하고자 하는 핵심 주제를 글을 쓰면서 놓치게 되면 책은 나가고자 하는 방향을 잃어버리게 된다. 그러면 독자들은 작가가 하는 이야기들이 단편적으로는 수긍이 가는데 도대체 무슨 이야기를 하고자 하는 건지 알 수 없게 된다. 그러면 독자는 결국 책을 읽다가 중간에 덮을 수밖에 없다.

내가 하고 싶은 이야기를 한 문장으로 정리해 보고, 그 이야기들을 하나씩 자세하게 풀어 나가 보자. 남이 했던 이야기일 수도 있고, 어디선가 들어보았던 이야기일 수도 있다. 그러나 나의 경험은 오직 나만이 가진 경험이며, 다른 사람은 나의 인생에 대해 들어본 적이 전혀 없다. 내가 살아오면서 경험하고 배우고 느끼고 생각했던 것을 자신 있게 이야기하자. 한 사람 한 사람은 모두 귀하고 소중한 존재이다.

나는 충분히 만족스러운 인생을 살았는가?
열린 마음으로 다른 이들을 사랑했는가?
스스로 가치 있는 존재라고 느끼며 진정한 자신의 인생을 살았는가?

인생을 마무리하는 절박한 시간에 이르게 되면 누구나 살아왔던 인생을 되짚어보며 이런 질문을 자신에게 하게 된다고 한다.

우리는 '에세이' 하면 편하게 읽을 수 있는 글이라 생각하지만 실상 에세이에는 책을 쓰기까지 한 사람이 살아오면서 깨닫고 배워온 과정이 고스란히 녹아있다. 에세이는 한 사람의 인생과도 같은 무게감이 오롯이 담겨 있는 책이다.

에세이는 종류가 무척이나 다양하다. 감성·가족 에세이, 나이 듦에 대한 에세이, 독서 에세이, 명사 에세이, 명상·치유 에세이, 여성 에세이, 삶의 자세와 지혜 에세이, 예술 에세이, 음식 에세이, 자연 에세이 등등 종류가 무척 세분화되어 있다.

우리는 이런 다양한 인생 카테고리 안에서 나만이 전하고자 하는 메시지를 선별해서 책 쓰기에 담아낼 수 있다. 자신과 비슷한 카테고리의 책을 쓰는 작가들을 살펴보더라도 작가마다 전부 다 다르다. 작가가 전하고자 하는 핵심 이야기들의 큰 줄기는 같을 수 있으나, 세부적으로 들여다보면 각자 가진 작가의 개성에 따라 다르게 표현된다. 그 안에서 내가 배울 수 있는 점들은 얼마든지 찾아낼 수 있다. 모두 다 다른 각자의 경험을 지니고 있기 때문에 전할 수 있는 메시지가 다를 수밖에 없다.

나의 이야기가 어떤 독자를 울릴 수도 있고, 독자의 마음을 흔들어 더 나은 길로 살아가게 도울 수 있다. 책이라는 건 늘 그런 힘을 지닌다.

그 어떤 이야기도 좋다. 어떤 이야기를 독자에게 전하고 싶은가. 어떤 메시지를 전하는 작가가 되고 싶은가.

독자를 위해서 먼저 경험했던 자신만의 이야기보따리를 풀어 나가 보자. 내가 할 수 있는 나만의 이야기를 독자들은 언제나 기다린다.

"삶의 인식을 남을 위해 무엇을 할 수 있을지에 관한 관심으로 전환시킨다면, 우리는 자신의 발전을 축하하기 시작하면서 풍성한 축복도 누리게 될 거예요."

　오프라 윈프리의 말처럼 책을 쓰는 일은 누군가의 인생을
진심으로 도울 수 있고, 작가가 모르는 동안에도 독자의 인
생을 송두리째 바꿀 수 있다. 작가는 이야기를 건네는 사람
이다.

　스스로 움츠러들 필요가 전혀 없다. 우리는 모두 빛나는
존재이며 우리 안의 반짝임을 담아 글로써 마음을 전할 수
있다.

　내가 겪어온 삶의 단상들이 지금 삶이 버거운 독자들에게
오늘을 버텨내고 내일을 살아갈 용기와 응원이 될 수 있다.
그러니 오늘도 마음을 다해 쓰자.

우선 쓰고, 인생 작가가 됩니다

어떻게 차별화된
작가가 될 것인가 1

"저서는 더하기가 아니라 곱하기로 쌓인다."

이 말은 내가 책 쓰기 수강생들에게 자주 하는 말인데, 내가 생각하는 저서의 역할이다. 저서는 권수가 늘어날수록 책의 숫자는 더하기로 늘어나지만, 가치는 곱하기로 쌓여 작가에게 되돌아온다.

작가에게 집필한 책의 권수가 늘어나는 것도 정말 큰 축복이 되지만, 책의 가치가 복리 그 이상의 가치로 작가와 독자에게 함께 쌓인다는 점이 더 매력적이다. 저서가 늘어날수록 나의 성장 가치가 2배 이상씩 커진다. 내가 성장한 만큼 나의 책을 읽는 독자들도 함께 성장할 수 있다. 이런 연유로 저서의 가치는 더하기가 아니라 곱하기다.

그렇다면, 차별화된 작가의 퍼스널브랜딩은 어떻게 해야 할까?

책 한 권을 쓰고 나면 자신의 이야기를 화두로 온라인과 오프라인 무대에 올릴 수 있다. 그러나 아쉽게도 책 한 권의 수명은 그리 길지 않다. 길어야 6개월 정도의 영향력을 가지게 된다. 그렇다면 책 출간과 동시에 시작되는 작가 브랜딩은 어떻게 해 나갈 것인가?

책을 차례대로 읽어왔다면 내가 '거꾸로 시작하자'라는 말을 해왔다는 것을 독자님들은 눈치챘을 것이다. 역으로 생각해서, 이미 내가 바라는 모든 것들이 이루어진 것처럼 작가의 퍼스널브랜딩은 시작하면 된다.

이제부터 작가의 퍼스널브랜딩을 설계하는 방법을 배워보자.

첫 번째, 어떤 영향력을 미치는 작가가 되고 싶은가?

우리는 독자들에게 어떤 영향력을 미치는 작가가 되고 싶은지를 먼저 생각해 보아야 한다. 내가 어떤 영향력을 가지고 싶은지에 따라 내가 선별해야 하는 키워드가 달라지기 때문이다.

나는 내 책을 읽는 독자들에게 '성장'과 '변화'를 불러일으키는 작가가 되고 싶다.

내가 20대에 구본형 작가님의 글들을 읽고 나의 삶에 변화와 성장을 가져왔듯이 나도 독자들의 삶에 작은 변화를 줄 수 있는 작가가 되고 싶다. 내 책을 읽는 독자들에게 나의 이야기가 '변화'를 불러일으켰으면 한다. 한 걸음 더 앞으로 내딛는 '성장'을 견인해 줄 수 있는 그런 책들을 계속 쓰고 싶다. 삶의 고비마다 앞으로 한 걸음 더 걸어 나갈 수 있는 용기와 단단한 마음을 가지는 데 작은 힘이라도 보태고 싶다.

두 번째, 어떤 메시지를 전하는 작가가 될 것인가? 라는 질문에 대답을 해보자. 이 질문은 쓰는 분야의 카테고리에 관한 이야기이며, 자신의 전문 분야가 어떤 영역인지를 구분하는 질문이다.

구체적인 대답일수록 좋다. 아직 우리는 책을 쓰고 있는 단계여서 대답을 뾰족하게 하는 것이 어려울 수도 있다. 예를 들어서 힐링 작가, 자기 계발 작가, 재무 교육 작가, 슬픔 극복 작가, 공부법 작가, 독서법 작가, 관계 형성 작가, 공황 극복 작가 등 단답형으로 이루어져도 괜찮다. 다만 내가 계속해서 쓰고 싶은 카테고리의 범주를 대략적이라도 정할 수 있다면 그것이 작가 포지셔닝의 시작이다. 수많은 책의 카테고리 안에서 나의 주력 분야는 'ㅇㅇㅇ이다'라고 선언하는 것이 바로 나라는 작가의 '포지셔닝'이 된다.

어떤 영향력을 추구하는 작가가 되고 싶은지도 생각을 해 보았고, 어떤 카테고리의 전문성을 가져갈 것인지도 고민해 보았다.

이제 그 포지셔닝을 구체적으로 설득할 나만의 퍼스널브랜딩 플랫폼을 만들어 보자. 휘황찬란한 미사여구일 필요는 전혀 없다. 담백하게 자신이 생각하는 '나'라는 작가의 모습을 그려보자.

어떤 사람들을 눈앞에 두고 내 이야기를 들려주면 행복할지 상상해 보자. 내 책을 읽고 좋아하는 사람들이 어떤 행동을 하였으면 좋을지 생각해 보자. 저자 강연회에서 독자들에게 무슨 이야기를 해주고 싶은가를 생각해 보자.

내가 쓴 책이 '어떤 사람들을 돕고 싶은가'를 생각하면서 되도록 손으로 연필이나 볼펜을 잡고 써 나가길 바란다. 쓰는 것에서부터 나의 꿈을 기록하는 첫 번째 여정이 되기 때문이다.

작가 퍼스널브랜딩 플랫폼 구성요소는 작가의 비전, 미션, 밸류, 퍼스낼리티로 구성된다.

작가 김우선의 퍼스널브랜딩 플랫폼을 예시로 들어보자면, 아래와 같다.

작가 김우선의 퍼스널브랜딩 플랫폼

작가의 비전: 성장하고자 하는 사람들을 진심으로 돕는다.

작가의 미션: 변화와 성장에 도움이 되는 책을 1년에 한 권 이상 쓴다.

작가의 밸류: 변화, 성장, 차별화된 전문성

작가의 퍼스낼리티: 전문성을 가진 따뜻하고 친절한 작가

이렇게 작가의 퍼스널브랜딩 플랫폼을 정리했다면, 그다음은 작가만의 개성을 부여할 수 있는 고유한 명칭을 생각해 보자. 작가만의 개성이 담긴 네임을 가질 수 있다면 더 쉽게 각인시킬 수 있다. 작가 이름 앞에 간략한 네이밍이나 태그 네임을 만들어 더 쉽게 기억하게 해주는 효과를 불러일으킬 수 있다.

나는 작가인 나를 소개할 때, '전문성 있는 차별화로 변화

와 성장을 돕는 작가 김우선입니다.'라고 인사를 한다. 이 문장 안에는 내가 가진 전문성과 가치를 내세우며 작가로서 나의 포지셔닝을 강조했다. 내 회사의 브랜드 네임이 따로 있지만, 회사를 소개하는 것이 아닌 작가인 나를 소개할 때는 나의 포지셔닝을 강조하는 가치 키워드를 통해 이야기한다.

나는 내가 운영하는 책 쓰기 수업을 소개할 때 '스토리피셔의 책 쓰기 전문 코치 김우선입니다.'라고 소개한다. 나는 '쓰기'에 관해서 가장 많이 이야기할 수 있고, 맞춤 교육으로 책 쓰기를 가르치는 전문성 있는 책 쓰기 코치이다. 책 쓰기 수업의 브랜드 네임 '우선 쓰고, 인생 작가'에는 내 이름을 '중의적'으로 활용했다. 맨 먼저라는 뜻을 지닌 '우선적으로'라는 부사와 '돕는다'라는 의미의 한자어 이름 '우선(佑 도울 우, 宣 베풀 선)'을 두 가지 의미로 사용했다.

작가인 나를 어떻게 정의 내릴 것인지 고민했고, 작가로서 가고 싶은 방향을 설정했다. 그리고 작가가 지켜나가야 할 철학들을 퍼스널브랜딩 플랫폼으로 구축했다. 내가 나아갈 방향성을 정했으니, 나의 퍼스널브랜딩 플랫폼을 기준으로 널리 퍼트릴 콘텐츠들을 같은 맥락에서 만들어 가면 된

우선 쓰고, 인생 작가가 됩니다

다. 우리는 이미 저서를 집필했기에, 수많은 내용을 써보았다. 그 내용의 맛보기용 콘텐츠를 SNS 플랫폼에 올릴 수 있다. 나의 독자들이 자주 사용하는 플랫폼에서 꾸준히 양질의 콘텐츠를 쌓아나가 보자.

퍼스널브랜딩을 지속적으로 이어 나가기 위해서는 좋은 콘텐츠를 온라인과 오프라인에 계속 꾸준히 노출해야 한다. 온라인에서 팔로워 수를 늘리고, 구독자층을 만들고, 계속 소식을 전하자. 오프라인 커뮤니티 모집을 통해 잠재 독자를 늘리고, 각종 모임에서 자신의 출간된 책을 홍보해 나가며 존재감을 키워가야 한다. 칼럼, 강연 요청, 학교 강연 등 필요한 모든 것들을 만들어서 하나씩 다양한 활동을 해 나가면 더욱 좋다.

기회가 없다면, 스스로 기회를 만들면 된다.

어떻게 차별화된
작가가 될 것인가 2

"당신이 할 수 있는 모든 것을, 또는 꿈꿀 수 있는 모든 것을 시작하라. 대담함은 그 안에 천재성과 힘과 마법을 함께 지니고 있으니."

괴테의 명언처럼 자신이 쓴 저서 안에 자신의 꿈을 담아 펼친다면 꿈을 이루는 가장 빠른 방법이 생긴다. 나의 저서를 읽는 독자들에게 나의 꿈을 이야기하게 되면, 그 꿈은 반드시 이루어질 수밖에 없는 강한 힘이 생긴다.

가로수 길에서 일할 때 자주 가던 편집숍이 있었다. 마음에 든 일러스트 그림을 사러 갔던 어느 날 우연히 발견한 문구가 있었다.

우선 쓰고, 인생 작가가 됩니다

"Don't Forget to Write"(글쓰기를 잊지 마세요)라고 쓰인 액자를 그림을 사러 들어간 날 우연히 발견했다. 심플한 워드 타이포그래피로 쓰인 그 액자는 묘하게 나의 눈길을 계속 끌었다. 내가 얼마 전부터 사려했던 일러스트 그림을 사러 들어간 길이라, 찜해두었던 액자를 사서 나오는 길에도 계속 그 문구가 눈에 밟혔다. 편집숍을 나오기 전에 자꾸 마음에 맴도는 그 문구를 그대로 아이폰 메모장에 써서 나왔다. 그리고 저녁에 퇴근해서 집에 왔는데도 계속 그 문구가 내 마음에서 맴돌았다. 결국 그날 저녁, 책상에 앉아서 비슷한 느낌으로 글자를 쓰고 인쇄해서 액자에 넣고 내 책상 위에 올려두었다. 이유는 모르겠지만 왠지 그렇게 해야만 할 것 같았다.

돌이켜보면 나는 이 시기에 일이 너무 바쁘고 밤샘이 많았던 시기라 책을 읽거나 자기 전에 일기를 쓰며 나를 돌아볼 시간이 전혀 없었다. 일을 해 나가는 데 급급해서 나를 돌아보지 못하고, 내 행복을 뒤로 미루며 회사의 일을 해내기 위해 애쓰던 시절이었다. 아마도 내 영혼은 내가 가장 행복해하는 것이 '쓰기'라는 것을 잊지 않도록 알려주고 싶어 하지 않았나 싶다.

이 액자는 15년이 다 되어가도록 아직도 내 책상 위에 그대로 올려져 있다. 내가 글을 쓸 때도 글을 쓰지 않았던 그 시간에서도 나에게 계속 같은 말을 해주며 메시지를 전하고 있었다. 항상 나를 일깨우려고 했던 그 문구는 15년이 지난 지금에야 내가 그 의미를 알아채게 되었다.

우연히 만났던 이 문구 한 줄은 나의 영혼이 나에게 주고 싶었던 삶의 힌트였던 거 같다. 내가 답을 모르던 시절에 우연히 나타나 나를 더 행복하게 하는 방향으로 나를 이끌고자 했다. 수많은 시행착오를 거쳐 내 마음이 평온해져서야 이 문장의 참 의미를 깨닫게 되었다. 결국 나는 오랜 시간이 지나서 이 문구가 나에게 온 이유를 알아챘고, 진심으로 마음으로 받아들이고 수용하는 방법을 배웠다. 결국 답은 내 안에 있었다. 그걸 발견하는 길이 더디고 느릴지라도 분명히 자신이 알아챌 기회는 반드시 오기 마련이다. 오늘 나는 이 문구의 의미를 깨달아 행복한 미소를 지었다. 내 좋은 선택이 내 삶을 더 행복하게 할 거라는 확신이 들었다.

3장에서 책으로 더 큰 기회를 만든 사람들에 관해 이야기했다. 인생은 좋은 선택들이 쌓여 더 나은 삶이 만들어진다. 책 쓰기를 하기로 마음먹었다면, 내가 어떤 영향력을 미치고 싶은지 미리 생각해 보자. 작가가 되어 선한 영향력을 미치는 모습을 구체적으로 그려보고 실행하자. 내가 어떤 작가가 될 것인지에 대한 큰 그림을 그렸다면, 작가의 퍼스널브랜딩은 그 그림을 실현하도록 움직이고 행동하여 결과물을 만들어 내는 것이다.

사람들이 가장 어려워하는 것이 자신을 마주하는 일이다. 우리는 살면서 자신을 올곧게 마주보는 것을 학교 다니면서 배워본 적이 없고, 살아가면서도 바쁜 일상에 묻혀 생각해 본 적이 거의 없다. 내가 그리고 있는 나의 이미지와 책을 쓰면서 만나는 날것의 내 이미지가 달라 놀라기도 하고 때론 당황하기도 한다. 책을 쓰는 데 있어 가장 모르겠는 부분이 '나'이고, 새롭게 알아가는 모습도 '나'일 것이다.

'글쓰기는 반복되는 언어적 노력을 통해서 사유를 뒤쫓고 조직화하고 마침내 명료하게 표현해 내는 과정으로 우리를 이끈다'라는 윌리엄 진서의 말처럼 나에 대해 생각하고 써 나갈수록 나라는 사람과 내가 해 온 경험이 명료해진다. 쓰기는 나에 대한 가장 좋은 배움의 도구다.

내가 살면서 겪어온 경험을 찬찬히 살펴보자.

가장 좋은 것은 빈 종이에 손을 움직여서 써보는 거다. 아무것도 쓰여있지 않은 A4 용지나 노트를 한 권 꺼내자. 세로로 반으로 접어서 왼쪽에는 해 온 일들을 기록해 보고, 오른쪽에는 하고 싶은 일들을 기록해 보자. 양쪽에 쓴 내용 중에 같은 범주에 속하거나 비슷한 그룹으로 묶일 수 있는 것들을 정리해 보자. 해왔던 일들에서 앞으로 하고 싶은 일들의 연결 고리가 되는 일들도 있을 것이고, 더 앞으로 성장해야만 할 수 있는 일들이 있을 것이다.

이 사이의 연결점이 내가 쓴 '저서'가 되어줄 수 있다. 책은 경험해 온 것들을 쓸 수도 있고, 공부해서 앞으로 해 나갈 것들을 써 나갈 수도 있다. 첫 번째 책에서 살아오면서 겪었던 경험으로 메시지를 전했다면 다음 책에서는 그 연계 고리가 될 수 있는 책을 기획해서 집필하자. 그렇게 서너 권 한 분야의 책을 꾸준하게 써 나가면, 책을 집필한 저자는 그 분야의 '전문가' 혹은 '전문 작가'라는 타이틀이 부여된다. 1가지 카테고리에서 책을 서너 권 쓰게 되면 그게 바로 작가의 커리어가 되고, 명함보다 더 큰 가치를 가진 그 분야의 전문가가 된다. 그것이 바로 책이 가진 힘이자 영향력이다.

우선 쓰고, 인생 작가가 됩니다

나를 어떤 작가로서 차별화할지 전전긍긍하며 두려워하지 말자.

'책 한 권 쓴다고 인생이 뭐 달라지겠어?'라고 부정적으로 생각하는 분들도 분명히 있을 것이다. 물론 책 한 권으로 인생이 바뀌기 쉽지 않다. 하지만 그 책 위에 다른 책들이 계속 쌓여간다면, 인생이라는 길 위에 새로운 길이 더 생기고, 새로운 길을 걸어갈 충분한 에너지가 생긴다. 저서는 더하기가 아니라 곱하기로 늘어나는 복리의 마법을 지녔다.

'책'이라는 콘텐츠를 만들어 내었으면 그 책을 가지고 원 소스 멀티 유즈를 해서 다양한 활용을 해 나갈 수 있다. 강연이나 강의를 만들어 나갈 수도 있고, 교육 프로그램을 구체화할 수도 있다. 커뮤니티를 만들어 꾸준히 관련 분야의 독서 모임을 가져갈 수 있으며, 다양한 액티비티 활동들을 커뮤니티 회원들과 같이 해가면서 커뮤니티를 키워갈 가능성이 무한하다.

책은 인쇄물로 나오지만, 그 인쇄물에 담긴 콘텐츠를 적극 활용해 SNS에서 충분히 바이럴이 되게 할 수 있다. 작가의 채널에서 콘텐츠를 확장하거나 활용해 더 많은 콘텐츠를 양산해 낼 수도 있다. 책 한 권이 출간되어도 책의 콘텐츠가 생산되는 다양한 형태의 소셜 포스팅들은 무한히 재생산될 수 있다. 블로그, 유튜브, 쇼츠, 페이스북, 링크드인 등 다양한 곳에서 무한 반복되어 퍼지는 콘텐츠가 될 수 있다.

내가 원하는 길을 먼저 걸어가고 있는 사람들을 살펴보면서 거기에 아이디어를 더할 수도 있고, 다른 방향으로 가지를 뻗어 나갈 수도 있다. 부지런히 나와 비슷한 콘텐츠를 가지고 있는 사람들이 어떤 활동들을 해 나가는지 국내뿐 아니라 전 세계적으로 꼼꼼히 살펴보자.

롤모델을 찾을 사람이 없다면 AI의 도움을 받아보자. 엔터 한 번에 원하는 정보들을 쉽게 찾을 수 있는 데다 다양한 분석까지도 가능하니 말이다.

미국은 자기 계발이 다양하게 발전해 왔고 동기부여 마켓 자체가 크기 때문에, 우리나라에 내가 바라는 비즈니스 모델이 없다면 유튜브에서도 꼭 찾아보자. 동종 카테고리가 아니더라도 내가 생각하는 방향으로 지식 비즈니스로 승화시켜 나가고 있는 선례가 반드시 있을 것이다. 국내외를 눈여겨보면서 비즈니스 모델을 구체화하는 방법들을 찾아 나를 더 성장시킬 수 있는 방향을 모색해 보자.

우선 쓰고, 인생 작가가 됩니다

자신만의 전문 분야나 카테고리를 정의하고, 그 전문 분야에서 유일무이한 독보적 존재가 되기로 결심하자. 책은 그 유일무이한 전문가가 되는 데 있어 가장 좋은 도구이며, 지름길이 되어줄 것이다. 책이 곧 영향력이자 전문가 자격증이 된다는 것을 잊지 말자.

SNS 플랫폼으로
작가 브랜딩을 시작하자

"언제나 끝에서부터 그려보고, 끝에서부터 시작하자."

내가 좋아하는 형이상학자 네빌 고다드의 말이다. 자신이 바라는 결과를 계속 상상하면서 원하는 결과를 그려보며 꿈을 실현해 가는 방법의 하나이다. 운동선수들이 많이 쓰는 이미지 트레이닝 기법과도 맞닿아 있다. 내가 브랜딩 현업에서 가장 많이 사용하는 방법과도 결이 잘 맞는 일맥상통하는 방법이기도 하다.

소셜미디어 일인자인 게리 바이너척은 플랫폼은 성공을 거들 뿐 성공 그 자체를 만들어 주지는 않는다고 했다. 소셜미디어의 세계는 열려있는 세계이자 제한이 없는 세계다.

오픈된 소셜미디어에서 자신만의 DNA를 명확하게 인지시키는 사람이 '인플루언서'다. 우리가 인플루언서라 부르는 사람들은 소셜미디어의 생태계 원리를 깨닫고 소셜미디어를 활용해서 자신의 가치를 올렸다. 일반적으로 사람들이 소셜미디어를 나를 보여주기 위한 수단으로만 사용하는 것과는 다른 활용법이다.

먼저, 내가 어떤 작가로 차별화하고 싶은지 결정했다면, 출간된 책을 소개하면서 자연스럽게 자신의 전문 분야를 같이 노출하는 것이 좋다. 투고한 이후에는 최대한 많은 채널을 오픈해서 원 소스 멀티 유즈로 내가 쓴 책의 내용들을 콘텐츠로 스토리텔링 하는 작업이 필요하다.

"가장 중요한 것은 SNS 플랫폼에 자신만의 스토리텔링을 꾸준히 이어 나가는 것이다."

SNS 플랫폼을 최대한 활용하여 내가 어떤 사람인지를 남기고, 내가 생각하는 중요한 메시지들을 지속적으로 노출해 매일매일 꾸준히 콘텐츠를 쌓아라. 유튜브, 블로그, 인스타그램, 쇼츠, 틱톡, 페이스북, 브런치 등 다양한 소셜 플랫폼에서 내가 자연스럽게 소개되고 그 키워드들이 연계될 수 있는 큰 흐름을 만들어 주어야 한다. '나'라는 작가에게 유입이 될 수 있는 길을 터주는 파이프라인을 만드는 일이다. 홈페이지가 별도로 있다면 좋은 콘텐츠를 쌓아 검색을 통한 자연 유입이나 오가닉 트래픽 흐름을 최적화하는 방법도 있다.

나에게로 오는 길을 가장 잘 안내하는 것은 결국 내가 쓴 책이고, 내가 만든 콘텐츠이다.

우리가 책으로 써낸 글들은 시간 소비용 콘텐츠가 아니라, 생각할 여지가 있거나 마음에 남는 울림이 있을 것이다. 좋은 콘텐츠는 그걸 보고자 하는 사람들의 이목을 끌어당길 힘이 충분하고, 그것들을 토대로 나만의 스토리텔링을 시작할 수 있다. 그러니, 내가 어떻게 보일까를 고민하지 말고, 가볍게 시작하자.

쉽게 말해서 내 책이 필요한 독자들이 내 책을 접할 수 있는 경로를 미리 설계해서 들어올 수 있는 흐름을 만드는 작업이다. 책이 출간되면 같은 관심사를 나누었던 사람들에게 자연스럽게 저서의 출간 소식과 콘텐츠들이 전해질 것이다. 그 경로로 유입이 될 수 있게끔 유도하는 것이 필요하다는 말이다. 내 독자들이 나를 찾아낼 수 있도록 내가 쓴 책으로 연결될 수 있게 만드는 고리가 필요하다. 그 과정을 마케팅에서는 '퍼널 전략'이라고 부른다. 원래 퍼널은 깔때기를 뜻하는 말인데, 수많은 정보가 좁은 구멍을 통해서 목표에 도달할 수 있는 과정을 말한다.

시간적 여유가 있다면, 초고를 쓰고 퇴고를 하면서 출판사 투고 시기에 맞추어 역산해서 기획하면 가장 좋다. 그러나 퇴고에만 집중하기에도 버거울 수 있기에 탈고를 마치고 출판사에 투고하는 시점을 추천한다. 보통 출판사와 계약되어 원고를 넘기고 나면 책이 출간되어 나올 때까지 2~3개월의 시간적인 여유가 있다. 그동안 충분히 작가만의 콘텐츠로 바이럴을 만들어 둘 수 있다.

자신만의 개성이 담긴 SNS 채널을 기획하는 게 중요하다. 집필 원고의 투고가 시작되는 시점에 맞추어 블로그, 인스타그램, 스레드, 유튜브, 틱톡 등 다양한 채널을 오픈하자. 나의 채널에 매일 1개씩 콘텐츠를 지속적으로 올려보자. 예능 프로그램을 생각하면 쉽다. 혹은 드라마나 영화 예고편이라 생각해도 좋다.

출판사에서 책이 나온다고 모든 것을 다 해줄 수는 없기 때문에, 스스로 살아남을 방법을 찾아나가야 한다. 작가는 해가 갈수록 많아지며 출간되는 책의 수명은 그리 길지 않다. 백지장도 맞들면 낫다고 작가도 출판사와 서로 도움이 되는 시너지가 필요한 시대다.

내용을 살짝만 넣어서 길지 않고, 간단하게 볼 수 있는 숏폼을 제작해도 좋고, 카드 뉴스를 만들어도 좋다. 책이 출간되기 전부터 뉴스레터를 기획해 발행해도 좋다. 그 어떤 채널이든 내 메시지가 도움이 되는 독자들과 직접적으로 만나는 접점을 설계해 나가자. 내 책을 읽을 독자가 나를 찾아 들어올 수 있는 길을 만들어 주고, 독자들이 나와 직접 소통할 수 있는 길을 만들어 주는 일이라 생각하면 된다.

내가 쓴 글에 대한 짧은 문제 제기도 좋고, 살짝 요약해 볼 수도 있다. 궁금증을 만드는 질문도 좋고, 내 콘텐츠를 녹인 어떤 영상을 제작해 봐도 좋다. 중요한 것은 꾸준히 좋은 콘텐츠를 만들어 원하는 채널에 지속적으로 쌓아가면서 팬을 창출해야 한다는 것이다. 나의 구독자들이 생기고, 내 콘텐츠를 기다리는 사람들이 필요하다. 내가 전하는 메시지에 공감하고 질문하고 소통하면서 커뮤니케이션이 형성되는 것이 중요하다. 나에게 관심이 있는 독자나 구독자가 많이 생길수록 내 책의 영향력은 더 커질 수 있다. 책이 출간

되면 내 채널에서 서평 이벤트를 진행할 수 있고, 북 콘서트를 진행할 수도 있다. 온라인, 오프라인에서 다양한 책 마케팅을 진행할 수 있으니 미리미리 계획을 짜두자.

블로그는 최적화가 되려면 시간이 필요하다. 대략 60일 전후의 시간이 필요하므로 출간 전까지 부지런히 하루에 1개씩 글을 올리다 보면, 어느새 책이 출간되었을 때는 최적화의 흐름을 탈 수 있다. 그러니 투고를 다 마치고 나서는 꼭 블로그를 시작하자.

SNS 채널 중에 가장 난도가 높은 것이 유튜브일 수 있다. 우리는 초고 집필한 실력이 있으니, 초고 1꼭지의 분량보다 유튜브 원고가 더 간단하다. 친구한테 얘기해 준다고 생각하고 편하게 원고를 읽어 나가면 된다. 물론 유튜브는 카메라, 조명, 편집 등 신경 쓸 것이 많다. 초반부터 영상 퀄리티에 욕심내지 않는다면 작가의 이야기를 직접 듣고자 하는 사람은 너무나 많다. 그러니, 조명 2개를 사서 핸드폰으로 가장 간단하게 촬영하자. 그리고 편집은 AI 편집프로그램인 브루(Vrew)나 캡컷(Capcut)을 통해 도움받으면 시간이 무척 절약되고 편집 기술이 부족해도 충분히 좋은 영상을 만들 수 있다. AI 도구들의 도움을 적극 활용해 보자.

　SNS 플랫폼에 내 콘텐츠가 충분히 노출된다면, 서평 이벤트도 저자 강연회도 다양하게 진행해 볼 수 있다. 내가 쓴 주제에 관심 있는 독자들을 미리 모았다가, 내 책이 나오면 같이 모인 자리에서 소개하고 질문받고 다시 그 질문을 콘텐츠로 만드는 선순환 흐름을 만들어 나가면 된다.

　먼저 내가 쓴 책 내용 중 중요한 키워드 10개만 뽑아보자. 키워드 10개를 중심으로 연관 키워드 구름을 만들어 해시태그 그룹을 만든다. 두 번째로 내가 쓴 책의 내용의 일부분을 아주 짧은 콘텐츠 쇼츠 형태로 카드 뉴스를 만들어서 유튜브 쇼츠, 인스타그램 릴스, 틱톡, 그리고 네이버 클립 등 플랫폼에 지속적으로 노출한다. 그리고 유튜브 채널에서 조금 더 긴 영상으로 내가 쓴 책의 내용을 요약하거나 추가해서 관련 영상을 만든다. 최소한의 미들폼 혹은 롱폼을 만들어 지속적으로 일주일에 한 번씩은 노출한다. 내가 쓴 주제에 관심 있는 독자들이 한 명 두 명씩 생겨나고, 그들의 질문이 올라오며, 그 사람들이 나의 콘텐츠에 팬이 되어주는 순간들이 온다.

우선 쓰고, 인생 작가가 됩니다

이렇게 팬이 생기면 책 출간되는 날짜에 예약 구매 및 서평 이벤트를 진행할 수 있다. 오프라인에 함께 모여서 저자 강연회를 진행하고 작가 사인회도 할 수 있다. 그들과 또 주제에 대한 깊은 대화를 만들고, 향후 콘퍼런스를 진행할 수 있다.

이제 커뮤니티를 만들어 내가 쓴 주제에 관심 있는 사람들을 모아 함께 이야기를 나누고 질문을 해결해 가면 된다. 같은 목적을 가진 사람들이 필요로 하는 아이템들이 나오게 되고 그걸 비즈니스 기회로 삼아도 좋고, 같은 문제를 해결하는 데 필요한 연사를 초청해 워크숍을 가져도 된다.

내가 쓴 책 주제로 미니 강연을 열고, 관련 주제를 심화시킨 워크숍을 열어 상품을 구성할 수도 있다. 이렇게 몇 번을 반복하다 보면 나의 책에서 파생된 워크숍이 나의 상품이 되면서 점점 더 확장하는 경험을 만들 수 있다. 정기 강연이 생겨나고 정기 수강생이 생겨날 가능성도 있다. 그들의 니즈를 만족시키면서 앞으로 함께 성장해 가는 성장 메이트가 될 기회는 얼마든지 있다.

책 쓰는 것을 단지 책 쓰기에만 한정 짓지 말고, 더 넓고 크게 보길 바란다. 책 쓰기 주제를 함께할 수 있는 사람들과 커뮤니티 활동에 방점을 찍고 책을 쓰다 보면, 더 많은 기회가 내 앞에 당겨질 수 있다. 그 어떤 순간에도 포기하지 말고, 출간하는 목표를 완성해 보자!

책 쓰기는 인생의 다른 문을 열어주는 행동이다. 그러니, 부디 그 문을 힘차게 열고 자신 있게 문턱을 넘어서라.

두 번째 책을
기획하자

투고 메일을 쓴 후에는 마음 졸이며 걱정하며 기다리지는 말자. 생산적인 창작형 인간이 되어 다음 쓸 책의 콘텐츠를 생각하며 찾아나가자. 내가 콘텐츠를 지속적으로 생산해 계속 쓸 수 있다면, 100세 시대에 더없이 멋진 일이 아닌가.

우리는 첫 번째 책을 무사히 마쳤다. 그렇다면 이제 두 번째 책을 기획하고 준비할 때이다.

첫 번째 책이 끝나고 출간이 될 때까지 다른 일에만 마음을 빼앗기다 보면, 책 쓸 때 만들어 놓은 글 쓰는 루틴이자 좋은 습관이 사라질 수 있다.

일상 루틴에 고정해 두었던 책 쓰는 시간에 1일 1개의 포스팅을 채널에 올리면서 두 번째 책을 부지런히 기획하자. 어떤 책을 쓸까 고민하면서 서점에도 가보고, 자신의 마음에서 무엇을 쓰고 싶어 하는지도 들여다보며 집필 리스트를 작성해 보자. 몇 가지 집필 아이템이 떠올랐다면, 연구가 필요한 책인지 내 경험이 필요한 책인지 체계를 잡는 것이 필요한 책인지에 대해 전략적으로 생각해 보자. 쓰고 싶은 책의 주제를 잡았다면, 경쟁 도서들을 찾아보고, 분석해 본 이후에 가장 먼저 출간 기획서를 써보자. 출간하고 싶은 책에 관한 내용이 1페이지로 일목요연하게 정리될 것이다. 출간 기획서를 바탕으로 제목을 만들고, 목차를 만들어 보자. 목차까지 정리가 되었다면, 초고 집필 마감 일정을 정하고, 집필을 시작하면 된다.

초고는 가장 빠르게 속도를 내서 쓰는 것이 중요하다. 중간중간 내용이 빌 수도 있고, 사례가 안 맞을 수도 있지만 중요한 것은 초고를 빨리 써내는 것이다. 초고 집필 원고를 100페이지 정도 썼다면 그다음 퇴고부터는 더 꼼꼼하게 찬찬히 느리게 가도 괜찮다. 그러니 초고 집필 속도에 박차를 가하자.

두 번째 책을 기획하다 보면 더 쓰고 싶은 책들이 마구 생각날 수 있다. 좋은 아이디어들이 생각난다면 집필 노트를 만들어 그 책을 언제 쓸 것인지 쓰고 싶은 책들의 순서를 정리해 보자. 내가 쓴 첫 번째 책 이후에 나오는 책들의 순서가 어느 정도 정해질 것이고, 자신의 속도에 따라 1년에 몇 권을 쓸 수 있는지도 대략 감이 올 것이다. 그러니, 첫 번째 책이 끝났다고 멈추지 말고, 계속 출간을 위해 쓰는 것을 멈추지 말자.

카테고리가 명확한 분야의 저서를 서너 권 정도 쓴다면 이미 나는 그 분야의 전문가가 된다. 사람들이 말하는 학벌이 서울대·고대·연대가 아니더라도 스펙이 다소 미진하더라도 그 분야의 전문가로 강의나 강연에 고정 강사로 초빙될 수도 있다. 수업을 맡을 수도 있으며, 전문적 강연가가 될 수도 있다. 그러니 첫 번째 책을 쓰고 헤매지 말고, 곧장 앉아서 두 번째 세 번째 책을 기획하자. 세 번째 책까지 쓰고 나면, 조금 여유를 가져도 된다. 세 번째 책까지 써냈다면 책 쓰기 루틴이 생겨 책을 써가는 생활이 일상 리듬으로 자리 잡았을 것이다.

내가 가장 존경하는 최재천 박사님은 저녁 약속을 안 잡으신다고 한다. 가정에 충실하면서 공부하고 연구하는 일을 즐겨 저녁 시간은 온전히 자신만의 시간으로 쓰신다고 한다. 그래서 최재천 박사님은 항상 마감 기일보다 일찍 글을 보내고, 집필도 1년에 여러 권을 하신다. 다양한 자리의 책임자 역할을 하시는 그 바쁜 일정 속에서 이런 어마어마한 양의 글을 쓰시다니 놀라울 뿐이다.

책 쓰기의 가장 좋은 점은 한 권을 쓰고, 두 권을 쓰고, 세 권을 쓰다 보면 자신의 관심 분야가 점점 확대된다. 다독하다 보면 책과 책의 연결 고리를 타고 점점 더 읽는 분야가 넓어지게 된다. 책 쓰기도 여러 권을 쓰다 보면 점점 더 쓸 수 있는 책의 범위가 넓어지고 다양해진다. 책 읽기와 책 쓰기는 떼려야 뗄 수 없는 공생 관계다.

다독한다는 것은 다작할 가능성을 충분히 가지고 있다는 것이다. 책 읽기를 좋아하는 사람이라면, 더 이상 읽는 독서에만 머무르지 말고, 한 권이라도 꼭 책 써보기를 추천한다.

책을 쓰고 나면 작가의 눈이 열리기 때문에 더 넓은 시야에서 책을 마주할 수 있다. 그러니, 책 읽는 독서 클럽에만 목을 매지 말고, 제발 책 쓰기 클럽이나 책 쓰는 모임에 더 큰 의지를 가지길 응원한다.

우선 쓰고, 인생 작가가 됩니다

은퇴 없는
콘텐츠 크리에이터가 되자

'크리에이터'란 자신만의 이야기와 경험을 독창적으로 표현하는 사람들을 뜻한다. 글, 그림, 사진, 수공예, 예술 등 다양한 방식으로 자신만의 라이프스타일을 밖으로 꺼내놓는 사람들이다. 크리에이터에게 가장 중요한 것은 '왜'라는 질문을 끊임없이 하면서 자신을 찾아나가는 여정에서 내 스타일로 나를 표현하는 것이다.

IoT라 불리는 사물 인터넷(Internet of Things) 개념을 창시한 기술혁신가 겸 기업가 케빈 애슈턴이 쓴 『창조의 탄생』에 보면 '창조 행위는 평범한 행동이며, 창조물은 그 행위가 내놓은 특별한 결과물이다.'라고 했다.

작가에게 집필 과정에 대해 질문하거나 과학자에게 연구

방식을 묻거나 발명가에게 어디에서 아이디어를 얻었는지 물어봐도 우리는 묘책 혹은 비결이란 특별한 것을 얻을 수는 없다고 했다. 창조의 핵심이 노동이기 때문이다. 번뜩이는 영감의 순간이 찾아오는 것이 아니라, 끊임없는 인내와 노동에서 탄생한 것이 바로 창조의 연금술이자 창조의 핵심이라고 했다. 비범한 결과를 내기 위해서는 평범한 사람과 평범한 노동에서 비롯된다는 사실을 증명하며 그는 단지 필요한 것은 시작하는 것이라 했다.

영화 〈아바타〉로 유명한 1954년생 제임스 캐머런 감독은 소설가가 되기 위해 대학을 중퇴했다. 제임스 캐머런 감독은 15년 전에 쓴 시나리오인 '아바타'를 기술화하기 위해 특수 효과 전문 기업을 만들어 시각 효과 기술을 발전시켰다고 한다. 기술력과 상상력의 융합이 된 영화 〈아바타〉는 개봉 2개월 만에 가뿐히 〈타이타닉〉의 신화를 뛰어넘었다.

그 후 〈아바타: 물의 길〉이 만들어지는데 13년이라는 시간이 더 걸렸고, '아바타 5'까지 세계관, 스토리 구성, 기획 등을 마무리하고 영화에 필요한 기술적 검토까지 마치는 데 13년이 더 걸렸다고 한다. 제임스 캐머런 감독은 전문성과 함께 대체 불가한 창의성을 가지고 혁신적인 기술을 사용하여 아바타 세계관을 지속적으로 쌓아 올렸다.

의학·공학·음악을 융합한 음악연주 과학의 선구자 후루야 신이치는 『피아니스트의 뇌』라는 책을 썼다. 그는 공학과 의학을 전공했지만, 피아니스트를 꿈꿨을 정도로 어릴 적부터 음악을 좋아해서 피아노를 꾸준히 쳐왔다고 한다. 그는 몸에 오는 통증이나 피로를 무시하고 피아노를 계속 치다 더 이상 피아노를 칠 수 없는 상태의 몸이 되었다고 한다. 연주는 하고 싶은데 몸의 통증이 심해진 음악가들이 많다는 것을 알게 된 그는 음악을 연주할 때 우리 인간의 뇌와 몸이 어떻게 움직이는지를 규명하고 싶어 연구를 진행했다고 한다.

피아니스트의 뇌는 복잡한 손가락 움직임이 가능하도록 잘 다듬어져 있는데, 많은 신경세포를 일하게 하지 않아도 고도로 처리할 수 있는 에너지 절약이 가능한 뇌로 변모한다고 한다. 피아노 연주에 필요한 복잡한 손가락 움직임을 수월하게 하는 신경세포의 기능을 특수하게 변화시켰다는 것이다.

창의적인 뇌의 신경 가소성을 활성화하려면 일상의 패턴

을 의도적으로 깨야 한다. 즉 자신의 일상생활 습관에서 안전지대를 벗어나 새로운 구역으로 자리 이동을 하고 새로운 것들을 학습해야만 내가 가지고 있던 경험이 확대되거나 확장됨으로써 새로운 창의성을 가지게 된다.

독서에만 집중하던 습관에서 벗어나 읽고 쓰는 것으로 몰입의 강도를 바꿔보자.

책 쓰기를 해내고 나면 그 이전과는 다른 태도로 책을 대할 수 있다. 그것이 누구에게는 신세계가 열리는 기쁨일 것이다. 책 쓰기가 열어주는 수많은 경험을 통해 창의적 성장을 할 수 있을 것이다. 내가 책 쓰기를 하고 확실히 알아낸 것은 책 읽기는 생각을 성장시키지만, 책 쓰기는 원하는 곳으로 나를 데려다주는 성장판이 된다는 사실이다. 그러니, 나이와 상관없이 쓰는 것을 멈추지 말자. 100세까지 은퇴 없는 책 쓰기를 꾸준히 이어 나가 보자.

독일의 가장 영향력 있는 경영 컨설턴트이자 리더십 전문가인 라인하르트 K.슈프렝어는 『내 인생 나를 위해서만』에서 새로운 생각과 행동을 과감히 실천하라고 강조한다. 그는 후회 없는 인생을 살기 위해 필요한 12가지 원칙을 제시하며 오직, 나에 의한, 나를 위한 삶을 살고 있는지를 물었다. 그는 인생의 결정권은 반드시 내가 쥐고 있어야 내 인생이라고 주장했다.

'후회 없는 인생을 살기 위한 12가지 원칙'의 일부를 살펴보자.

- 결정을 내리는 것이 결정을 내리지 않는 것보다 언제나 훨씬 더 낫다.
- '그렇게 살도록' 강요하는 현실적 압박이란 사실 존재하지 않는다.
- 정말 원하는 일은 결심할 필요 없이 '지금 당장' 시작하면 된다.
- 마음에 안 드는 상황은 바꾸거나, 떠나거나, 사랑하면 된다.
- 행복한 인생의 책임은 오롯이 나 자신에게 있으니 '지금, 여기'의 에너지로 나를 채우면 된다.

평범한 나를 특별한 나로 바꾸고자 한다면, 지금 당장 책 쓰기를 시작해 보자. 특별한 나는 누구에게 보여지거나 자랑하고자 하는 내가 아니다. 내 스스로의 가치를 높여 내 안의 커다란 나를 밖으로 꺼내 내 존재의 가치를 증명하고자 하는 평범한 나이다.

쓰고 고치고 쓰고 다듬고를 반복한다면 비범한 결과물인 '저서'를 가질 수 있고, 이는 나를 한층 더 성장시켜 가보지 못한 미지의 세계로 나를 이끌어 줄 것이다.

5장

우선 쓰고,
은퇴 없는
평생 작가 |↵

First, Write — Become the Author of Your Life

First, Write — Become the Author of Your Life

가장 나다워지는 방법
책 쓰기

"자기 자신과 자기 생각을 믿자. 글쓰기는 자아의 행위다."

- 윌리엄 진서

책 쓰기는 자신이 살아온 삶을 되돌아보게 만든다. 책 읽기와는 다르게 책 쓰기는 내 안에서 재료를 가져와야 하고 꺼내 와야 하는 일이다. 그러자면 자신의 경험을 뒤돌아보고 나 자신을 마주해야 하며 성장했던 일들, 실패했던 일들을 되새겨봐야 한다.

'책 읽기'는 작가의 메시지를 통해 나를 더 나은 방향으로 만들어 나가며 내면적 성장을 가져오는 일이지만 '책 쓰기'는 내 안에 있는 나를 더 큰 나로 성장시키는 과정이다.

나는 교육계에 몸담은 사람은 아니지만, 학교 교육과정에 '1인 1권 책 쓰기'라는 쓰기 과정이 꼭 있었으면 좋겠다고 생각한다. 어렸을 때부터 '쓰기'를 제대로 해낼 수 있다면, 10대 20대 질풍노도 시기인 청소년기에 자기 자신에 대해 더 잘 들여다볼 시간이 생긴다. 20대부터 어떻게 살아야 할 것인지를 생각해 본다면, 생각과 감정을 잘 표현하는 방법을 배울 수 있다. 책 쓰기를 배우면, 인생을 바라보는 시각이 더 넓어져 깊은 사유 속에서 성장해 가는 성숙한 어른이 될 수 있다.

우리 집 둘째는 남자아이인데 코로나 시절 초등학교 5학년이었다. 학교를 안 가고 집에서 영상 수업만 하다 보니, 집중력은 떨어지고 게임하는 시간이 너무 많아지기 시작했다. 재택근무를 하던 나는 아이가 온라인으로 생활하는 모습을 보다못해 아이의 습관을 바꾸어 주기로 결심했다.

집에 있는 책들을 30분 읽고, 다섯 줄을 쓰면 게임을 할 수 있고, 이걸 안 하는 날은 게임을 못 하는 것으로 아이와 약속했다. 그렇게 해서 중학생 누나가 읽던 책들과 집에 있던 초등 중등 전집들을 다 읽힌 후, 부지런히 도서관에서 책 셔틀을 해주었다. 가끔 도서관에 데리고 가서 직접 읽을 책들도 고르게 하고, 서점에서 10대를 위한 좋은 책들이 나오면 사다 주기도 하면서 관점을 넓혀주었다.

책을 읽고 나서 처음 다섯 줄씩 쓰기 시작할 때는 글씨가 삐뚤빼뚤했다. 처음 쓰기 시작했을 때는 단순한 느낌 위주로 쓰기 시작했다. 읽은 책의 숫자가 늘어나면서 꾸준히 읽어가다 보니 아이의 생각이 자라는 게 보이기 시작했다. 그렇게 2년 3년이 지나 보니 아이가 알아서 책을 읽게 되었고, 책을 읽고 궁금한 것들을 다섯 줄 리뷰에 쓰기 시작했다. 중학교에 가서는 학교에서 하는 글쓰기에서 항상 상을 받아오기 시작했다. 자신의 관심 분야가 생기면 관련 다큐멘터리를 찾아보기도 하고 관련 책을 사다 달라고 해서 읽기도 했다. 가끔 내 서재에 들어와 관심이 가는 책들을 읽어보기도 한다. 이제는 아이가 궁금한 것들을 물어보는 질문의 수준이 확연히 달라졌다. 좋아하는 농구 스타 『마이클 조던』의 새빨간 벽돌 책을 사다 달라고 조르기도 하고, 『지대넓얕(지적 대화를 위한 넓고 얕은 지식)』같이 어려운 책들을 읽기도 한다.

내가 아이에게 독서만 시켰다면 책을 많이 읽으며 배경지식이 충분히 쌓였을 것이다. 하지만 읽고 쓰기를 같이 하도록 습관을 만들어 주었기 때문에 읽고 나면 쓰는 것이 당연해졌고, 그렇게 당연해진 '쓰기'는 아이의 생각을 명확하게 정돈할 수 있는 글쓰기 연습이 되어 아이를 성장시켰다. 스스로 공부에 필요한 책들이 있으면 알아서 찾아서 읽고 글을 쓰는 것이 아이에게는 가장 쉬운 일이 되었다. 이렇듯 읽는 독서는 삶을 풍부하게 만들고 읽고 쓰는 글쓰기는 아이의 생각을 더 건강하게 자라게 한다.

어른이라고 별반 다르지 않다. 독서를 통해 얻어낸 생각들을 '책 쓰기'를 통해 더 단단하게 성장시킨다면 자신만의 독보적인 가치를 만들어 나갈 수 있다.

미셸 드 몽테뉴는 『고독』에서 '세상에서 가장 좋은 것은 자기다워지는 길을 아는 것'이라고 말했다.

나다움을 찾아나갈 수 있는 좋은 방법은 나와 마주하는 일이다. 그건 '읽기'보다는 '쓰기'를 통해서 나를 담금질해 낼 때 나를 객관화하는 가장 빠른 길을 마주할 수 있다.

이 책은 내가 책 쓰기 코치이자 북 프로듀서를 하면서 '책 쓰기'가 삶에 불러일으키는 성장의 모멘텀들을 직접 목격했

우선 쓰고, 인생 작가가 됩니다

고, 여러 명의 인생의 기회가 열리는 문들을 지켜보았기에 쓸 수 있었던 책이다. 더 많은 사람이 '책 쓰기'를 통해 인생의 원하는 길로 한 뼘 더 성장했으면 좋겠다. 저서는 나의 분신이자 나를 표현하고 증명하는 최고의 명함이 된다.

나이와 상관없이 삶이라는 여정은 곧 자기 자신이 되어가는 과정이기 때문에 '나답게' 살아 나가는 방법을 찾고자 한다면 '책 쓰기'만큼 훌륭한 멘토는 없다.

그러니, '언젠가 쓰겠지', '평생에 한 번은 책을 쓸 거야'라는 '언젠가' 신드롬에 나를 휘말리게 두지 말자.

하고 싶은 일이 있다면, '상황'이라는 감옥에 갇히지 말고, 당장 시작하자. 작게라도 좋다. 그 무엇이라도 하고 싶은 일을 할 수 있는 방향으로 한 발씩 나아가면 된다. 언젠가 할 일이라면 지금부터 시작하면 된다. 시작하면 어떻게든 끝을 향해 걸어가기 마련이니.

행복과 의미를 동시에
전해주는 책 쓰기

 스타트업이나 성장하는 기업에서는 기업의 존재 이유에 관한 질문을 많이 시도하고, 내부 직원들끼리 의미를 다지는 일을 많이 한다. 특히 '우리의 미션은 무엇인가' 혹은 '우리는 무엇을 위해 존재하는가?'라는 질문들을 화두로 자주 이야기 나누며, 미션에 따른 내적 동기를 강화하기 위해 존재 의미를 되새기곤 한다. 그러나 우리는 '내 삶의 미션은 무엇인가' 혹은 '나는 무엇을 위해 존재하는가'라는 질문에 대해 의미를 생각하는 것은 자주 간과하곤 한다.

 경영학계의 노벨상인 싱커스50(Thinkers 50)이 선정한 '세계에서 가장 영향력 있는 리더십 사상가' 1위를 두 번이나 수상했던 유일한 사람인 마셜 골드스미스는 세계적인 경영 컨설턴트이다. 그는 자신의 딸과 함께 '조직 구성원의 삶의 만족'과 '개인의 삶의 만족' 차원에서 '행복과 의미의 관계'에 대한 연구를 진행했었다. 우리가 정의하는 '행복'이란 어떤 일의 결과와 상관없이 그 일을 하는 과정에서 얻는 개인적 즐거움 자체이기 때문에 행복감이 충만하다는 것은 자기 일을 사랑한다는 뜻이라고 한다.

'의미'는 일의 결과에 부여하는 가치라고 보는데, 의미를 충만하게 느끼는 것은 당신이 하는 일의 결과가 중요하다고 깊게 믿는다는 뜻이라고 한다.

반면에 개인적인 삶에서 행복의 기준은 모두 다 달랐다고 하는데, '행복과 의미'를 동시에 제공하는 활동'에 대부분의 시간을 쓴다고 말한 사람들이 직장이나 가정에서 삶에 높은 만족도를 느낀다고 대답했다고 한다.

이런 관점에서 볼 때, 피터 드러커는 자기 일을 사랑하고 은퇴에 관심이 없었던 행복과 의미를 동시에 얻는 최상의 경험을 하는 사람이었다고 한다. 피터 드러커가 가장 중요하게 생각했던 것은 스스로 개인적 미션을 명확하게 설정하는 것이었다.

'미션'은 짧고 명료해야 하며, 티셔츠를 입는 것만큼 쉬워야 한다고 했다. 스스로에게 중요한 것은 미션 달성에 성공할 때 얻게 되는 결과이며, 자기 내면을 들여다보며 진정으로 중요한 것을 실행에 옮겨야 한다고 했다. 그는 미션을 달성하는 과정 내내 좋아하는 것들로 채워가며 행복과 의미를 동시에 경험할 수 있는 시간을 최대화하는 것이 중요하다고 했다.

스스로 성장하고자 노력하는 사람들에게 있어 '행복'과 '의미'는 중요한 키워드가 된다. 간혹 의미가 더 중요하다고 생각하는 사람들도 있지만 당신을 행복하게 만드는 것을 행하지 않는다면 순교자와 무엇이 다른가. 자신이 행복해야 거기서 나오는 행복 에너지가 삶을 선순환시킬 수 있는 에너지가 된다. 그러니, 최대한 행복함을 느끼는 일을 의미 있게 하자.

피터 드러커의 미션은 개인이든 조직이든 목표를 달성하도록 돕는 것이었다고 한다. 나의 미션 역시 개인이든 회사든 나와 만나는 사람들이 한층 더 성장할 수 있도록 내가 가진 탤런트를 통해 그들의 목표나 꿈을 이룰 수 있도록 돕는

우선 쓰고, 인생 작가가 됩니다

것이다.

우연의 일치인지는 모르겠으나, 내가 태어났을 때 아빠가 고심하다 유명한 작명소에 가서 지은 나의 이름은 한자어로 '도울 우(佑)'에, '베풀 선(宣)'을 쓴다. 어쩌면 내 삶의 정해진 운명이 다른 사람들의 성장과 발전을 도울 수 있도록 나의 탤런트를 쓰는 게 아닌가 싶다.

20대부터 브랜딩 에이전시에서부터 일을 배우게 되고 지금도 기업이나 개인의 성장을 도우며 소금처럼 녹아드는 일을 하는 게 내 운명의 과제가 아닐지 생각해 본다. 내가 구태여 드러나지 않더라도 개인이나 기업의 성장을 위해 꼭 필요한 일을 통해 그들을 도울 수 있고, 그들이 성장하는 모습을 보면서 나의 행복과 의미를 찾아나가는 일이 나는 여전히 즐겁고 뿌듯하다. 이 모든 일들은 내가 사랑하는 나의 일이다.

하버드대 교수이자 실용주의 철학자 윌리엄 제임스(William James)는 우리 세대의 가장 위대한 발견은 '태도를 바꾸는 것만으로 삶을 바꿀 수 있다는 것'이라고 했다.

나는 일상적인 신경망의 조합으로 만들어졌다. 나라는 신경망이 활성화된 조합을 '나라는 성격의 상자'라 정의해 보자. '상자 밖에서 생각하기'라는 다른 조합과 배열로 시냅스를 활성화하게 되면, 신경망의 습관적인 활성화 패턴을 바꾸고 새로운 배열의 회로를 만들 수 있다. 결국 새로운 나로 바뀌어 갈 수 있으며 우리 스스로가 채운 족쇄를 풀 수 있게 되는 것이다.

우리는 하루에 보통 6만 가지를 생각하는데 거의 90% 이상이 매일 같은 생각을 반복하며 살아간다고 한다. 습관처럼 과거 경험의 신경회로를 지닌 나를 항상 현재의 나로 생각한다. 즉 반복적인 생각과 행동, 느낌, 감정, 기술 및 제한된 경험 등으로 자극 없이 반복되는 일상을 당연하다고 생각하는 내가 있다. 신경과학자 조 디스펜자의 『꿈을 이룬 사람들의 뇌』에 보면 익숙한 나에서 벗어나 '새로운 나'를 만들어 가려면 새로운 환경이나 경험에 나를 던져야 한다고 했다.

새로운 경험이 신경망에 새로운 정보 경험(Infoperience: information +Experience)을 주어야만 '새로운 나'를 형성할 수 있다.

이렇듯 책 쓰기는 독서만 하던 익숙한 생활 방식의 나를 새로운 환경으로 바꾸어내는 일이다. '책 쓰기'라는 환경으로 자신의 생활을 바꿔 주는 것을 통해서 다른 지점으로 나를 옮겨심기 할 수 있다. 책 쓰기 활동을 통해 나의 새로운 습관을 만들고 지식의 아웃풋을 만들어 낼 수 있다. 이런 새로운 경험이 완성이 된 뒤에 느끼는 행복감과 만족감은 어떨지 궁금하지 않은가. 저자가 독자에게 주는 메시지를 통해 나누는 교감은 정말 '작가'가 되어야만 느껴볼 수 있는 충만한 행복감이다.

더블린 트리니티 대학교의 뇌 연구 교수인 셰인 오마라(Shane O'Mara)는『걷기의 세계』를 통해 정기적인 걷기운동은 학습력과 기억력을 담당하는 뇌 영역의 기능에 대략 2년 정도의 역노화 현상을 가져온다고 밝혔다. '걷기'는 기분이 좋아지게 만들며 창의성을 향상해 내면을 그대로 마주하게 만드는 효과가 있다. 즉 걸음과 동시에 뇌가 활성화된다는 것은 인지적인 움직임이 자유로운 상태이며 이는 사고의 자유를 뜻한다.

나는 창조적인 일을 오랫동안 해 오면서 '걷기'의 중요성을 경험으로 너무 잘 알게 되었다. 브랜드 네이밍을 하거나 전략을 짜다가 막히면, 나는 그대로 내려놓고 나가서 잠시 걷는다. 햇빛을 받으며 걷다 보면 막혔던 생각의 실타래가 풀리며, '유레카'를 외칠 만큼의 좋은 '답'을 우연히 찾아낼 때가 많았기 때문이다.

나는 매일 걷기를 한다. 일 때문에 새벽부터 나가는 날을 제외하고는 어김없이 '걷는 것'으로부터 시작하거나 글을 쓰고 '걷는 것'으로부터 하루를 시작하는 일상 루틴이 있다. 매일 만 보를 넘겨서 공원을 걸어 다니곤 한다. 글을 쓰기 전의 걷기는 나를 준비운동 시킨 상태에서 글에 집중할 힘을 준다. 글을 쓰다 막혀서 걷는 '걷기'는 나에게 새로운 시야를 확장하게 하여 막힌 글을 뚫어주는 힘을 가지고 있다. 수많은 시인과 작가, 철학가들은 '걷기'라는 단순한 활동을 통해 자기 내면을 마주하고, 창의적 발상을 이끌어왔다. 아무것도 필요 없이 두 발로 걷는 '걷기'가 주는 본질적인 가치와 이로움 및 보상에 대해 가장 잘 이해한 사람들이기 때문일 것이다.

프랑스 철학자 장 자크 루소는 "내가 명상을 할 수 있는 유일한 시간은 걷고 있을 때다. 걸음을 멈추면 사고가 멈추게 되므로 다리가 움직일 때만 뇌가 작동한다."라고 했다. 단지 일어서서 걷는 것만으로도 이렇게 드라마틱한 환기를 가져올 수 있는 건 '걷기' 활동이 유일한 것 같다. 그러니, 글을 쓰다 막히면 나가서 걸어보자.

걷다가 좋은 생각이 나면 또 쓰고. 이렇게 한 장씩 채워나가다 보면 어느새 초고가 끝나 있을 테니. 부디 쓰는 일에 겁먹지 말고, 불안과 두려움의 생각 덩어리들을 끌어오지 말자.

그냥 '풍덩' 하고 책 쓰기 바다에 뛰어들어 보자. 뛰어들면 헤엄치게 되어 있다.

치유하는 책 쓰기

내가 가장 좋아하는 책 중에 『나무를 심은 사람』이라는 얇고 단순한 이야기책이 있다. '엘제아르 부피에'라는 주인공이 나무를 심는 마음을 들여다볼 수 있는 쉬운 책인데, 그의 철학과 여운이 오래도록 남는 책이다. 엘제아르가 매일 하는 도토리 심기를 통해 삶을 살아가는 인간의 우아함과 고결함을 충분히 보여준다. 저녁에는 내일 심을 도토리를 골라내고, 아침부터 저녁까지 도토리를 매일 심는 아주 단순한 행동은 듬성듬성했던 민둥산을 수십 년에 걸쳐 빽빽한 참나무 숲으로 만들어 갔다. 엘제아르의 노력으로 거대한 숲이 형성되자 사람들이 떠나 휑했던 마을에 다시 사람들이 돌아와 정착하기 시작했고, 마을은 다시 활기를 찾았다.

내가 하는 책 쓰기와 유튜브 채널 '우선 쓰고 인생 작가'에서 나누는 책에 관한 이야기들, 그리고 나아가 '스토리피셔'에서 가르치는 모든 책 쓰기 활동들이 나는 도토리 심기랑 비슷하다고 생각한다. 내가 한 알 한 알 심은 도토리들이 어떻게 가지를 뻗어 아름드리나무가 될지는 모르겠다. 매일 계속해서 심고 또 심다 보면 언젠가는 거대한 숲이 될 거라는 사실은 믿어 의심치 않는다.

나는 책 쓰기로 새로운 인생을 개척해 왔다. 나는 내가 원하고 하고 싶은 것들을 먼저 책으로 썼고 해내고 싶은 일들을 하나씩 이루어 나갔다. '책 쓰기'만큼 세상에 영향력을 미치는 일은 많지 않다고 생각한다. 한 개인을 돕고 한 기업을 도울 수 있지만, 책은 나보다 더 오래도록 남는다. 지금도 나의 저서 『어떻게 나를 차별화할 것인가』의 리뷰가 간간이 블로그에 올라온다. 나는 그럴 때마다 고생하며 포기하지 않고 출간까지 굳은 의지로 버티었던 그 힘겨운 시간이 떠오른다. 그 어떤 상황에서도 포기하지 않았고 결국 내가 원하는 것을 이루어 냈다는 그 마음이 나에게는 인생을 살아가는 또 다른 힘이 되어준다.

나는 살아오면서 좋은 결과를 가져오는 것보다는 '좋은

선택'을 하는 것이 중요하다고 생각한다. 원했던 결과는 안 나올 수도 있고, 늦게 이루어질 수도 있다. 다양한 상황적인 변수로 내가 원하는 답이 안 나오는 시간도 있겠지만 그 과정에서 열심히 했다면 그것만으로도 좋은 것이라 생각한다. 내가 도전을 선택해 봤다는 그 사실 하나만으로도 충분히 가치 있는 일이기 때문이다.

책 쓰기를 하다 보면 현타가 올 때도 있고, 자신의 마음이 무너질 때도 있을 수 있다. 책을 쓰다 보면, 날것으로 자기 자신을 올곧게 마주해 본 경험이 그 이전에는 없었을 것이기 때문에 당황할 수도 있다. 책 쓰기를 하다 보면 자신도 모르는 트라우마를 만날 수도 있고, 자신의 감정에 휘둘릴 수도 있다. 이런 일들은 내가 더 큰 성장을 하기 위해 꼭 지나가야만 하는 관문 같은 것이기 때문에 힘들어할 필요는 없다. 슬픔이 느껴지면 울면 되고, 화가 나면 종이에 써서 화를 실컷 내고 그 종이를 찢어버리면 그만이다. 감정에 휘둘리면 글이 감정적으로 치우칠 수 있지만 다 괜찮다. 퇴고하면서 글은 고치면 된다. 글을 쓰기 힘든 상태로 감정이 격해졌다면 잠시 호흡을 가다듬고 쉬었다가 다시 써 나가면 된다. 책 쓰기는 나를 제대로 바라보고 나라는 사람에 대해 정말 잘 알게 해준다.

좋은 글은 어떻게 만들어지는가에 대한 고민을 담은 책이 자 글쓰기의 교본이라고 칭송받는 윌리엄 진서의 『글쓰기 생각쓰기』에 보면 모든 작가에게 위로가 되는 문장이 첫 장 에 쓰여있다.

"절망의 순간에
이 말을 꼭 기억하기 바란다.
글쓰기가 힘들다고 느낀다면,
그것은 글쓰기가 정말로 힘들기 때문이다."

이 얼마나 위로가 되는 말인가.
글쓰기를 잘하고 싶은 마음은 가득하지만, 현실에서의 나 는 부족함이 많은 작가다. 글을 쓰면 쓸수록 점점 작아지는 나의 자존감에 퇴고를 거듭하다 만난 이 글귀는 나에게 따 뜻한 위로가 되어주었다.

"글쓰기는 우리로 하여금 사고의 감옥으로부터 벗어나게 한다."

미국 텍사스대학의 제임스 페니 베이커 교수는 사회심리학자이며 글쓰기와 건강의 관계 연구에서 세계적으로 인정받는 전문가이다. 그는 심리적 외상 경험, 표현적 글쓰기, 신체적·심리적 건강과의 관계를 연구해 왔다. 그의 저서 『오픈 업—감정 표현이 미치는 치유의 힘(Opening Up: The Healing Power of Confiding in Others)』에서 문제에 정면으로 맞설 때 당사자는 적극적인 문제 해결자가 될 수 있으며 더 다양한 관점으로 세상을 바라볼 수 있게 된다고 했다.

우리에게 의미 있는 사건에 대한 반응을 억제·억압·현실 부정을 하게 되는 심리적 방어기제들은, 강박적인 사고와 파괴적 정신 문제를 일으키게 돼 몸이 엄청난 스트레스를 받게 된다고 한다. 그가 이 연구를 통해 알아낸 것은 감정의 격동을 글로 쓸 때, 정신적·육체적 건강이 현저히 나아진다는 사실이었다. 자신의 정서적인 상처에 대해 글로 쓰면 우뇌와 좌뇌의 뇌파 활동이 밀접하게 연관되어 문제에 정면으로 맞서려는 사람들에게 도움이 될 만한 방법을 제시한다는 사실을 알아냈다고 한다. 용납할 수 없는 생각을 용납하는 일이야말로 건강한 사고로 나아가는 첫걸음이 된다.

그는 심각한 불안과 대면할 때 인간의 마음이 작동하는 프로세스를 프로이트 이론과 자신의 연구 결과를 바탕으로 정리했다. 그는 글쓰기를 통해 문제에 정면으로 대항하는 것이 현실을 극복하는 탁월한 선택이 되며 회복 과정에 도움이 된다고 했다.

자신에 대한 인식을 바꾸려면 자신의 가치를 다시 생각해야 한다. 내가 이제까지 해 온 것, 내가 가진 것, 내가 느끼는 것, 내가 살아오면서 겪었던 모든 것의 가치를 다시 생각하고 인정해야 한다. 그것들을 쓰다 보면 그게 모여서 책이 된다. 자신이 살아온 삶을 있는 그대로 인정해 주면서 긍정적으로 바라보는 것이 세상에 하나밖에 없는 소중한 자신에 대한 배려이자 첫걸음이며 이것이 바로 글쓰기의 효과다.

책 쓰기의 큰 장점 중의 하나는 나를 제대로 알아갈 수 있다는 점이다. '글'이라는 도구를 통해 나 스스로와의 거리와 간격을 띄어 놓고 나를 객관화해서 바라볼 수 있다. 다른 말로 하자면 나와 내 글 사이에 여백의 공간이 생긴다. 그 여백이 주는 풍요로움에 행복해질 수도 있고 괴로워질 수도 있다. 하지만 금방 지나간다. 그러니, 글을 쓰다 보면 마주

보게 되는 나의 다양한 모습들에 놀라지 말고, 그것 때문에 글쓰기를 포기하지 말자.

글쓰기 효과가 주는 신체적 · 심리적 건강에 관한 연구를 과학적으로 풀어낸 사람들도 있다. 스티븐 르포(Lepore, Stephen J.)와 조슈아 스미스(Smyth, Joshua M.)가 공동 집필한 『글쓰기 치유−표현적 글쓰기가 건강과 정서적 웰빙을 촉진시킨다(The writing cure: How expressive writing promotes health and emotional well−being)』 저서가 있다.

글쓰기가 가진 강점 중 하나는 하나의 감정 상태에서 다른 감정 상태로 매우 신속하게 이동하도록 해준다고 한다. 이들의 과학적인 연구에 의하면 마음의 상처에 대응하는 글쓰기는 면역 기능을 높인다. 글을 쓰는 동안이나 글을 쓰고 난 후 혈압, 근육 긴장, 피부 트러블이 현저히 감소하며, 내면의 고통으로 만성 스트레스에 시달리는 사람이 글을 쓰면 긍정적 변화와 치유를 경험한다고 한다. 글쓰기는 기억력을 향상시키며 미래지향적인 점을 발견하고 과거의 상처에 집착하지 않게 하여 개인적 성장에 도움이 된다. 인생의 목표에 관해 글을 씀으로써 자신의 미래를 진지하게 성찰하며

우선 쓰고, 인생 작가가 됩니다

자기 삶에 대한 깊은 통찰력이 생긴다고 한다.

글쓰기는 당신에게 중요한 것과 인생에서 원하는 것, 그리고 당신이 되고 싶어 하는 모습에 대해 생각하고 결정하도록 해주는 탁월한 기회가 된다.

책 쓰기는 자신의 인생에서 가장 멋진 것을 발견하게 해주는 영향력을 지녔다.

내가 이미 여러 번 해보았고, 나의 작가 친구들 역시 책을 쓰는 것들을 통해 새로운 자신을 발견했고 성장해 왔다. 그러니 나는 확신을 가지고 이야기할 수 있다.

스스로가 책을 쓰기로 결심했고, 포기하지 않고 끝까지 해낼 수 있다면 인생에서 보물찾기를 할 수 있다. '나'라는 반짝반짝 빛나는 원석이 얼마나 찬란하게 빛나는지를 직접 경험해 볼 수 있다. 내 안에 숨겨진 '나'라는 희소성 가득한 유일한 가치를 반드시 캐낼 수 있을 것이다.

이야기 자본을
완성하는 책 쓰기

"인생에서 가장 멋진 것을 알기 때문에 쓰는 것이 아니라 쓰기 때문에 참으로 알게 된다. 책을 쓴다는 것은 가장 잘 배우는 과정 중의 하나이다."

- 구본형

내가 20대에 가장 인상 깊게 읽었던 구본형 작가님의 『사자같이 젊은 놈들』에서 책 쓰기에 대해 해주신 말씀이다.

유명한 사람들은 구태여 책을 쓰지 않아도 괜찮다. 그리고 유명할수록 본인이 책을 쓰지 않아도 다른 사람들이 그 유명한 사람들을 연구해서 책을 내기도 한다. 우리가 잘 아는 저명한 사람들 빌 게이츠, 일론 머스크, 존슨 황, 오프라 윈프리, 워런 버핏 등 유명한 사람들은 스스로 자서전을 쓰

우선 쓰고, 인생 작가가 됩니다

지 않아도 괜찮다. 평범할수록 스스로가 자신을 알리지 않으면 내 이야기를 써줄 사람은 자신 말고는 아무도 없다. 내가 이 세상에서 소명을 다한다 해도 내가 쓴 책은 나보다 더 오래 남는다.

우리는 사회적인 관계를 맺고 살아가는 사회적 존재이다. 학교, 직장 하다못해 취미 모임에서도 '나'라는 사람을 소개하고 알려야 한다. 커리어를 확장하거나 더 좋은 곳으로 이직하려 할 때에는 더더욱 내 스스로의 가치를 증명해야 한다.

회사의 간판을 달고서 재직하는 동안에는 회사의 레벨이 곧 자신의 레벨과 같다고 생각한다. 그래서 ○○회사에 다닌다는 말로 모든 것을 증명할 수 있지만, 회사의 간판이 없어지는 순간 모든 사람은 자영업자 혹은 소상공인이 된다. 회사 브랜드가 사라지는 순간 자신을 증명할 방법은 그 어디에도 없다. 다른 사람들은 그 사람에 대해 알 수 있는 방법이 없어진다. 자신이 어떤 사람인지에 대해 증명하기 위해서는 자신을 소개할 수 있는 나만의 방법이 필요하다. 책은 최고의 자기소개서이다.

요즘은 비즈니스에서도 명함을 주고받는 자체가 점점 번거로운 일이 되어간다. 나이가 젊을수록 명함을 받고, 리멤버에 저장하고 다시 명함을 돌려주는 경우들도 왕왕 있다. 명함은 저장하고 나면 애물단지가 되어버린 지 오래되었기 때문이다.

명함에 적힌 내용들은 가장 기본적인 사항만을 소개한다. 내가 어떤 사람인지에 대한 것들은 구체적으로 알려줄 수 없다. 내가 어떤 사람인지를 증명하고자 한다면, 자신이 가지고 있는 생각이나 메시지를 책으로 전하면 된다. 책을 내지 않는 전문가는 이 세상에 단 한 명도 없다.

심리학자이자 작가인 조지프 캠벨은 **나는 ＿＿＿＿＿＿＿을 하면 행복하다**는 간단한 문장으로부터 우리에게 행복을 가져다주는 게 무엇인지 알 수 있다고 했다. 조지프 캠벨은 행복은 그것을 생각하고 행동하는 사람의 것이지 행복이 오기를 막연히 기다리는 사람의 것이 아니라고 했다.

책 쓰기를 통해 우리는 나 자신과 만날 수 있고, 마주 볼 수 있으며 상처를 치유할 수 있고 보듬어 줄 수 있다. 이런 과정들을 거치고 나면 내 삶에 더 좋은 에너지를 순환시킬 수 있다. '행복하게 사는 것은 영혼의 내적인 힘'이라고 말했던 마르쿠스 아우렐리우스처럼 이미 우리가 이런 힘을 가지고 있다는 것을 깨닫는 것이 가장 중요하다.

책의 저작권은 작가의 사후 70년간 유지된다. 내가 이 세상에 없더라도 나의 책은 나의 이야기를 후세에게도 전할 수 있다. 내가 없는데도 나의 목소리를 낼 수 있다면 이토록 매력적인 작업이 또 있을까? 내가 이 세상에서 사라져도 내가 한 책 쓰기 결과물인 '책'은 이 세상에 남아 이야기를 전할 수 있다. 나보다 더 오래도록.

자신의 책이 완벽할 필요는 없다. 지나치게 완벽함을 추구하는 것보다는 계속 집필을 이어 나가자. 계속할수록 완벽해지기 마련이다. 내가 이야기하고자 하는 바에 무게를 담아서 진정성 있게 이야기한다면 독자는 더 열광할 수 있다.

우리가 타인에게 가장 많이 받는 질문인 '당신은 어떤 사람입니까?'에 대한 가장 좋은 답은 당신이 어떤 사람인지 기억할 수 있게 하는 것이다. 타인에게 나를 기억시키는 가장 쉬운 방법은 나만의 이야기를 가지는 것이다. 좋은 이야기는 듣는 사람들의 마음에 깊이 와닿게 되고 오래 기억에 남는 힘이 있다.

나만의 이야기 자본을 차곡차곡 쌓아나가라. 한 권을 쓰고 나면, 퇴고하면서 쓰고 싶은 다른 이야기가 스멀스멀 올라오고 다시 쓰고 싶어진다. 책 쓰는 시간을 습관으로 일상 루틴으로 만들어 두면 책 쓰는 시간이 주기적으로 확보된다. 이런 좋은 리추얼은 나를 더욱더 성장하게 만든다. 상상해 봐라. 책장 한 줄이 자신이 쓴 책으로 가득 채워지는 순간을.

나는 당신의 이야기를 기다리고 있는 첫 번째 독자다.

책 쓰기는
최고의 배움 도구다

"글쓰기와 생각하기 그리고 배움이 동일한 과정이라는 것을 깨달았다."

작가들의 작가이자 책 쓰기 그루인 윌리엄 진서의 말처럼 작가는 책 한 권을 쓰는 것에서 끝나지 않는다. 책이 출간되고 나면 또 책을 쓰고 싶어지는 욕심이 생기기 때문에 더 많은 이야기를 하고 싶어진다. 내 안에 담겨 있는 이야기도 많고, 이걸 보면 저걸 책으로 쓰면 좋겠다는 영감이 생기기도 하기에 내 안에서 책을 쓰고 이야기를 하고 싶어 하는 마음이 자연스럽게 생겨난다.

자신이 경험한 일, 자신이 하는 일, 취미 생활, 자신이 공부하고자 하는 것들 등등 자신만의 주력 분야를 하나 선정해 놓고 최대한 그쪽에 관련된 책을 세 권만 출간하자. 세 권을 비슷한 카테고리에서 책을 쓰게 되면 저자는 그 분야의 전문가가 된다. 그 이후에는 다른 분야로 얼마든지 확장을 해 나가도 무한한 가능성을 가질 수 있다.

책 쓰기는 자신이 생각하는 것을 꺼내놓을 공간을 만드는 일이고, 그걸 글로 써서 구체화해 나가는 과정이다. 특히 자신의 꿈을 글로 쓰는 것은 더욱 그 꿈이 이루어지는 시기를 앞당기는 일이기도 하다. 당신의 꿈에 동조하거나 꿈을 응원하는 사람들이 많아지면서 자연스럽게 꿈을 이룰 기회들이 나에게 더 가까이 다가오기 때문이다.

나는 책 쓰기를 통해 퍼스널브랜딩을 시작하고 더 성장하도록 돕는 '우선 쓰고 인생 작가' 유튜브 채널을 운영한다. '스토리피셔'에서 책 쓰기를 통해 수많은 작가가 자신이 살아왔던 세상에서 다른 차원의 세상으로 넘어가게 돕는다. 차별화된 전문성을 바탕으로 변화와 성장을 돕는 책 쓰기 코치의 일에서 나는 행복과 의미를 찾아나간다.

자신이 좋아하는 분야 혹은 주력하고 싶은 카테고리를 통해 유일한 큐레이터가 돼라. 최고가 되려 하지 말고 독특하고 차별적인 사람이 되었으면 좋겠다. '왜', '어떻게', '무엇'을 다르게 할 것인지를 끊임없이 고민하다 보면 자신만의 경험과 생각을 선으로 연결해 나가면서 자신만의 독특한 관점이 분명히 생겨나기 마련이다.

책 쓰기를 하다 보면 내가 모르는 것이 무엇인지 더 명확해지고, 내가 가진 생각들이 사유와 추론의 과정을 통해 주제를 명확하게 이야기하게 된다. 즉 책을 쓰면서 내가 무엇을 알고 있고, 무엇을 말하고자 하는 것인지를 명확하게 이해해 나갈 수 있는 선명함이 생긴다.

글쓰기와 생각하기 배움이 전부 다 동일한 과정이라는 윌리엄 진서의 말이 책을 써보면 깊이 마음에 와닿는 명언이 된다. 책 쓰기는 최고의 배움의 도구다.

자신의 책에 의미를 부여하는 자신만의 이야기 자본을 차곡차곡 새겨넣자. 나의 경험은 결코 남들이 겪을 수 있는 평범한 경험이 아니다. 오직 나만의 이야기이다. 내가 좋아하는 것에서 시간을 많이 쏟는 것에서부터 관점을 바꾸어 새로운 가치를 만들어 가보자.

퍼스널브랜딩이란 기존의 내가 해왔던 모든 일에서 새로운 관점으로 나를 다시 객관화하여 바라보는 일이다. 책 쓰기는 그 새로운 관점으로 마주하는 나를 세상 밖으로 끄집어내는 과정이다. 답은 항상 나의 내면에 담겨 있다. 스스로 찾고자 하는 답을 책 쓰기로 꼭 찾아내어 나만의 장르를 새롭게 펼쳐나가기를 진심으로 바란다.

내가 나에게 기대하는 기대치를 최대한 높이 잡아라. 최대한 이룰 수 없을 것 같은 거기까지 고도를 올려서 시선의 높이를 바꿔라. 자신에 대한 시선의 높이가 삶의 질을 결정하는 기준이자 태도가 되기 마련이다.

기대치를 엄청나게 높게 잡고, 10배는 더 뛰어나도록 최대한 집중해서 모든 것을 시도하라.

뚜렷한 목표를 가져야 그 근처에라도 다가갈 수 있다. 까다롭고 높은 기준점은 자신을 더 일으킬 수 있는 긍정의 힘이 된다.

커피 브랜드 중 일리(illy)의 꿈은 최고급 원두로 시작해서 커피 한 잔으로 고객의 감각과 정신을 즐겁게 하는 것이었다. 1933년부터 시작된 일리(illy)는 커피 한 잔을 위해 에스프레소 기계를 개발하고, 에스프레소 머신에서 떨어지는

우선 쓰고, 인생 작가가 됩니다

한 방울의 과학을 위해 개발된 컵의 각도 등 커피에 관해서는 '완벽한 한 잔'이라는 꿈을 추구해 왔다. 일리의 긍정적인 완벽주의는 커피를 좋아하는 사람들에게 두꺼운 마니아층을 형성했고 인정받는 브랜드가 되었다.

아무리 좁고 작은 영역(틈새시장)이라도 상관없다. 확고한 자신의 영역을 구축하고 그 포지셔닝으로 나를 옮겨 심어라. 지금의 상황이 어떻든 간에 상관없다. 상황을 자신의 중심 가치로 여기지 말자. 지금은 손에 잡히지 않고 이룰 수 없는 꿈처럼 보여도 좋다. 자신의 영역에 대한 태도의 기준이 원하는 포지셔닝으로 이끌어 주는 도화선이 되어줄 것이다.

내가 좋아하는 기네스 펠트로는 배우와 모델 생활을 하면서 즐기고 마시고 보았던 모든 경험을 모아 블로그를 시작했다. 많은 사람이 블로그 내용에 관심을 가지자, 그것을 비즈니스 영역으로 개척해 지금은 'GOOP'라는 라이프스타일 브랜드를 구축해 10년간 키워왔다. 그녀 시선의 높이가 주는 GOOP에 대한 기준은 넷플릭스 오리지널 시리즈까지도 제작하게 할 정도로 흥미롭고 신선했다.

자신이 좋아하는 일에 열정을 가지고 땅을 다지고 돌을

고르고 그 땅이 자신만의 것이라는 깃발을 꽂아라. 그 '깃발'에 해당하는 것이 바로 자신의 이야기 자본이 되는 책이다. 퍼스널브랜딩은 금액으로 환산할 수 없을 만큼 무한 가치를 부여하는 무형자산이 된다.

『부자 아빠 가난한 아빠』의 로버트 기요사키, 『타이탄의 도구들』의 팀 페리스, 『오리지널스』의 애덤 스미스 등 자신의 영역에 획을 그은 사람들이 만들어 온 것은 1년 안에 이룩한 성과가 절대 아니다.

퍼스널브랜딩의 영역은 오랜 시간 공을 들여 씨앗을 심고 물을 주고 싹을 틔우고 꽃을 피운다. 해마다 정성을 들여가는 과정이다. 그러니 조급하게 마음먹지 말고, 묵묵히 오늘도 나를 위한 도토리를 심어보자. 아무리 거친 땅이라도 산 밑에서 도토리를 심기 시작해서 산 정상까지 포기하지 않고 꾸준히 간다면 거대한 숲을 이루어 낼 수 있다.

자신만의 생각과 가치를 담아내는 저서를 가져보자. 자기 일에 관한 생각과 철학을 표현하는 매개체로 책이라는 저서를 활용하는 것이다. 자신이 어떤 실패와 좌절을 겪으면서 성장해 왔는지에 대한 솔직하고 담담한 고백은 독자의 마음

우선 쓰고, 인생 작가가 됩니다

을 울릴 수 있다.

현재에 안주하지 말되 현재의 시간에 집중해 지금 이 순간을 살아 나가자. 에르하르트 툴레는 지금 현존하는 이 순간에 집중할 때 마음의 평온을 누릴 수 있다고 했다.

어제는 이미 지나간 과거이고, 미래는 아직 오지 않은 내일이다. 그러니 당신이 집중할 수 있는 오늘 이 시간에 최고의 가치를 두고 순간순간의 몰입에 최선을 다하자.

괴테는 '인간은 현재에 가치가 있고, 현재 삶의 보람이 있음을 모른다.' 그래서 미래에 대해 막연한 기대를 하고 동경을 품거나 대책 없이 과거와 동거하려 한다고 말했다.

퍼스널브랜딩에서 가장 중요한 것은 자신만의 고유한 아이덴티티를 차별화하는 것이다. 차별화된 방식으로 자신만의 아름다움과 내재된 개성을 밖으로 표현하는 가장 효과적인 방법은 나의 이야기 자본을 담은 '책 쓰기'부터 시작된다.

자신에게 주어진 '삶'이라는 시간을 '나'에 대한 위대한 관념으로 채워가다 보면 자신이 바라는 이야기 속의 주인공이 될 것이다. 이야기 속의 주인공은 항상 시련 속에서 자신의 사고방식을 바꿔 인생을 바라보는 태도의 변화를 불러오는 사람이기 때문이다.

내 인생의 2% 부족한 그 무엇을 '책 쓰기'로 채워 완성형으로 만들어 가보자.

나에 대한 관념을 평범함에서 위대함으로 바꾸어 주는 것은 책 쓰기밖에 없다.

우선 쓰고, 인생 작가가 되어 퍼스널브랜딩을 시작하자.

수많은 평범함이 쌓여야만 비범함이라는 고지에 다다를 수 있다.

내 이름 석 자가 박힌 '저서'라는 날개를 달고 드높은 하늘을 향해 힘차게 날아보자.

책 쓰기는 내가 살아온 삶이 글이 되게 하여 저서라는 선물을 다시 나에게 되돌려 준다.

책 쓰기는 간절한 마음과 책을 쓰고 싶은 의지만 있다면 누구든지 반드시 해낼 수 있다.

우선 쓰고, 인생 작가가 됩니다

쓰면서 읽는 작가

인생을 바꾸는 방법은 3가지가 있다. 시간을 쓰는 방법을 바꾸거나, 사는 곳을 바꾸거나, 만나는 사람을 바꾸게 되면 인생을 바꿀 수 있다고 한다. 이 중에 책 쓰기는 시간을 쓰는 방법과 만나는 사람을 바꿀 수 있는 가장 효과적인 방법이 된다. 책 쓰기는 나를 '독자'에서 '저자'로 다른 환경에 데려다줄 수 있으며, 동시에 과거의 나를 치유하고 미래를 향해 현재를 성장시키는 가장 좋은 영양제가 된다.

다산 정약용 선생님의 말씀 중에 '비범(非凡)함은 무수한 평범(平凡)함이 쌓인 결과물이다.'라는 말이 있다. 비범함을 만들기 위해서는 일상의 소소한 평범함을 하루하루 반복해 가면서 켜켜이 쌓아야 한다는 뜻인데, 나는 이 말씀을 '매일 매일 계속해서 쓰다 보면 탁월함에 이르는 순간이 반드시 온다'라고 해석하고 싶다.

책 쓰기의 대가이자 작가들의 그루인 윌리엄 진서는 살아 있다는 것은 들려줄 이야기가 있다는 말이라고 했다. 아직 나의 이야기를 못 들은 사람이 수두룩 빽빽하게 많고, 나는 아직 하고 싶은 이야기들이 많다. 아직 시작되지 않은 나의 첫 페이지가 나를 기다리고 있다. 그동안 알지 못했던 나를 온전하게 만나볼 시간을 설렘으로 기대해 보자.

스스로에게 정직한 사람은 훌륭한 자전적 이야기를 남길 수 있고, 경험과 감정을 솔직하게 드러낼 수 있다면 독자의 마음을 움직일 수 있다. 일생에 한 번 나를 위해 뜨거운 열정의 시간을 가져본다면, 내가 살아오며 마이너스라고 생각해 왔던 인생의 어떤 경험들이 실은 마이너스가 아니라 플러스 이상의 가치가 있었음을 깨닫게 될 것이다.

흙 속의 진주는 세상 밖으로 나와야만 반짝반짝 빛을 낼 수 있다. 진주를 꺼내려면, 우선 쓰고 시작해야만 삶이 글이 되는 마법이 생긴다.

우선 쓰고, 인생 작가가 됩니다

마치 내일이 안 올 것처럼, 과감하고 거침없이 내 이야기를 써 나가 보자.

세상에 나의 이야기를 들려줄 사람은 나 말고는 없다.

내가 하지 않는다면 누가 하겠는가!

책을 쓴다는 것은 나의 지적 자본을 세상 밖으로 꺼내놓아 지적 자본을 키울 씨앗을 뿌리는 것이다. 투자로 얘기하자면 종잣돈을 갖추는 일과 같다. 투자하기 위해서 종잣돈을 모으는 그 첫 과정이 가장 어렵다. 그렇게 하고 나면 시드 머니를 통해 조금씩 불려 나가는 투자를 즐겁게 뿌듯한 마음으로 해 나갈 수 있다.

책 쓰기를 언젠가는 해야지, 혹은 언젠가 죽기 전에 해야지가 아니라, 가장 젊은 날 가장 멋있을 때 시작하길 바란다.

'작가'라는 직업은 참으로 매력적인 일이다.

쓰는 일은 어렵지만 쓰는 행위인 '표현의 즐거움'은 누구나가 한 번쯤 살면서 꼭 누려봐야 하는 그런 기쁨이라고 생각한다. 쓰는 일에 진심인 작가는 독자를 위해 글을 쓰는 그 진정성만으로도 충분히 훌륭하다.

나의 지적 자본을 꺼내어 세상 밖으로 펼쳐내는 것, 그것이 바로 퍼스널브랜딩이다.

퍼스널브랜딩은 자신이 경험해 쌓아온 노하우가 개인의 매력으로 당신을 빛나게 하는 일이다.

그러니, 오늘 이 책을 집어 든 용기에 박수를 보내며, 한 걸음 더 나아가 '집필'에 도전해 보기를 진심으로 응원한다.

부디, 온 마음을 다해 쓴 이 책 쓰기 가이드가 독자분께 진심으로 가 닿았으면 좋겠다.

매일 읽는 데서 시작하는 것이 아니라, 쓰면서 읽는 작가가 되어 한 뼘 더 성장하고 변화하는 삶으로 한 발짝 내디딜 수 있기를.

사랑을 가득 담아, 더 활짝 피어날 독자님의 시간을 기대하고 고대합니다.

자신을 가득 채워가는 책 쓰기의 평범한 모든 순간을 비범하게 만들어 가시길 바랍니다.

감사합니다.

우선 쓰고, 인생 작가가 됩니다